今だから小沢一郎と政治の話をしよう

堀 茂樹
慶應義塾大学教授

祥伝社

今だから
小沢一郎と
政治の話をしよう

はじめに

二〇一三年から二〇一五年にかけて、思いがけなくも知己《ちき》と幸運に恵まれた結果、小沢一郎衆議院議員と数回にわたって公開で、また非公開で、いずれの場合も対面で、じっくりと政治の話をさせていただく機会に恵まれました。本書にまとめたのはその記録です。

本書に収録した対談では、基本的に私は聞き役に回っています。なんといっても、小沢さんがどういうふうに考えているのかを知りたい、理解したい、さらには吟味してみたい、というのが私の動機であり、かつ対談の目的でしたから。ただ、私も討論となるとついひと言、口を挟《はさ》みたくなる性分なので、遠慮なしに発言もしています。

内容に関しては、本書を構成する五つの章のテーマに一目瞭然であろうと思いますが、毎回、なるべく時事ネタではなく、政治という営みの根本にかかわる理念や事象を取り上げました。そのときどきの政治・社会・経済状況を念頭に置きながらも、基本的に、なるべく「賞味期限の長い」話をしようと心がけたのです。

取り上げることができれば取り上げるべきとは思いつつ、主に時間的な事情により、ついにまとめて扱うことのできなかったテーマもあります。その第一は教育と学校および大学にかかわる諸問題です。もう一つは、原発をどうするかという問題を含むエネルギー政策のことです。

結果として、かなり思想的な話、抽象的な話もしています。政治哲学的になっているところもあります。しかし、その場合でも、現実から遊離した態度には終始せず、必ず具体的な現実に立ち返る前提で話しています。細かい政治技術の話や、政界エピソードなどは挿入していません。

小沢一郎さんのお話には思想的骨格が著《いちじる》しいですけれども、小沢さんは思想家ではありません。いうまでもなく政治家です。実践の人です。政治家として生きている人の真価は、その人の思想の質やスケールによってではなく、政治行動とその成果によって評価されなければなりません。しかし、これまたいうまでもなく、人の行動を導き、方向づけるのは本人の思想です。その限りにおいて、小沢さんの思想は興味津々《しんしん》です。

最後に、政治を語る本はすべからく、厳密に価値中立的な学術書でもないかぎり、本書も含めてすべて政治的な遂行的《すいこうてき》行為であると思います。職業的政治家である小沢さんの発言はもちろん、私の質問も、相槌《あいづち》も、政治についての言葉であると同時に、客観的に政治的な意味を帯びる言葉であるし、それなりの責任を伴うと自覚しています。

二〇一五年九月

堀《ほり》 茂樹《しげき》

目次

Ⅱ 憲法の話をしよう　55

III なぜ議会制民主主義か 109

カバー・本文写真／二石友希
装丁／FROG KING STUDIO

I

政治とは何か

政治が自己目的化する時代

最近、『日本政治ひざ打ち問答』（日経プレミアシリーズ、二〇一四年）という本を通読しました。これは東京大学名誉教授の御厨《みくりや》貴《たかし》氏と日本経済新聞論説委員長の芹川洋一《せりかわよういち》氏の一連の対談を収録し、「権力の真髄、政治の本質を語り尽くす」と謳《うた》っている本です。ところが、私はたちまち一驚《いっきょう》しました。なぜなら、この本では、政治家についての最高評価が「うまい」、「うまくやった」という言葉に尽きているからです。あたかも政治の良し悪しを言うのは素人で、訳知りの玄人《くろうと》には技術的にうまいか、へたか、しかないかのように！

もとより政治は「権力をめぐる競争」（小沢一郎『日本改造計画』講談社、一九九三年、二二頁）です。しかし、かつてそれは曲がりなりにも、公正や平和や豊かさを目指して政策のよさを競う競争であったはずです。ところが今日、メディアで得々《とくとく》として論評されるのは、ほとんどもっぱら戦略・戦術やパフォーマンスの側面ではありませんか。どういう政治をするかに関心がなく、どういうやり方で権力を握るかにばかり関心を向ける政治観の中心にあるのは、自《みずか》らの外に目的を持たないという意味で純粋な意志であり、ハイデガーが注目した「現代技術」のあり方にほかなりません（『技術への問い』関口浩訳、平凡社ライブラリー、二〇一三年参照）。

今日、グローバル市場での勝利以外に目的のないイノベーションのためのイノベーションがあらゆる行動のモデルとなっています。政治もまた然《しか》り。非常にしばしば政治のための政治と化し、回転していなければ転がるからという理由で回転する駒のように、ひたすら権力に執着する「技術」となってしまっています。

この「技術」を体現し、感傷はもちろん良心も捨てて道具的理性を駆使する者が政治のプロとして称讃《しょうさん》され、他方、「何のため？」などと目的を問う者がヤワなアマチュアとして見下されるとしたら、若者に向かって、そのような政治に関心を持てと言うほうがおかしいのではないでしょうか。現代のデモクラシーは、政界の立役者たちの多くがテクニックに溺《おぼ》れ、パフォーマンスに終始し、肝腎《かんじん》のことを官僚に丸投げして、広告会社の手法で政治活動をしているがゆえに無意味化しているのだと思います。

これでよいはずはありません。政治とは何か、政治の目的は何かという問いを小沢一郎氏にぶつけてみました。いうまでもなく、小沢氏がおびただしい数の自称ジャーナリストや評論家たちから、恣《し》意《い》的な断定に断定を重ねた記事をもって、「権力だけに執着し、日本でなく自分のために生きる政治家」（櫻井《さくらい》よしこ「小沢さん、あなたはそれでよいのですか」『新潮45』二〇一〇年四月別冊、「『小沢一郎』研究」巻頭言）などと中傷されてきた政治家であることを先刻承知の上でのことです。

（堀茂樹）

●「オザワイズム」に表われた人間存在

堀　二〇〇六年初版のご著書『小沢主義（オザワイズム）——志を持て、日本人——[*1]』を拝読しました。で、おべんちゃらでも何でもなく、ずばり言わせてもらいますが、私は感銘を受けました。本の内容もさることながら、それ以上に文章の「姿」に打たれました。

本居宣長《もとおりのりなが》の歌論に、歌の「姿ハ似セガタク意ハ似セ易《やす》シ[*2]」という言葉があります。文芸批評の小林秀雄《こばやしひでお》がその宣長論でこれにコメントした[*3]ことから、割に多くの人に知られるようになった言葉です。

「意ハ似セ易シ」の「意」は、意味の「意」、つまり、言っていることの内容です。たとえば思想です。たとえばイデオロギーです。こういうものは人から伝え聞いたのを、あたかも自分が考えたかのように述べることも容易《たやす》い、真似《まね》しやすいというのです。それに対して、「姿ハ似セガタク」です。「姿」とは、簡単にいうと形、文体、文章のトーン、様態です。より正確には、言葉が読者の心に浮かび上がらせるイメージです。形だから真似しやすいと思ったら大間違いで、実は「姿」のほうがオリジナルなのであって、似せ難い、真似しにくいのだという意味のことを、本居宣長は言ったわけです。

この意味において私は、『小沢主義』という、分量的にはささやかな一冊の本を構成する文章の「姿」を、美しいと感じました。気の利《き》いた台詞《せりふ》など一つも入っていない文章です。洒落《しゃれ》た表現も、カッコイイ言葉も皆無《かいむ》です。小沢さんの文章はまったく平易で、真正面から、淡々と、衒《てら》いなく、ふつうの日常語で語りかけてきます。しかしそこには揺るぎない確信と、懐《ふところ》の深い含蓄《がんちく》があるんです。

小沢　恐れ入ります。文学者の堀さんにそう評価していただけることを、素直に受け止めたいと思います。

堀　「文は人なり」とも言いますね。こちらは十八世紀フランスの博物学者ビュフォンが一七五三年にある公式のスピーチの中で述べた簡潔なフレーズです。もともとは「文体は人なり」[*4]でして、文体は書き手の人格を表わす、知性だけじゃなく、感受性や倫理的な側

＊1　集英社文庫、二〇〇九年。初版単行本は集英社インターナショナル刊、二〇〇六年
＊2　「国歌八論斥非再評の評」『本居宣長全集』大野晋・大久保正編、筑摩書房、一九六八～七七年、第二巻、五一二頁
＊3　小林秀雄『本居宣長』上巻、新潮文庫、三〇六頁

面も含めた人格を表わす、したがって、文章を見れば書き手の人となりがわかるという意味です。

ですから私は、小沢さんの文体に、まさに「オザワイズム」を、小沢一郎という人の思想や政見だけでなく、ひとりの日本人の「歩き方」というような意味での生き方を感じとり、人間存在に対するリスペクトを新たにしたのでした。

以上は前置きです。長くなるのはわかっていたのですが、どうしても言っておきたかったので、あえて言わせていただきました。

●日本を待つのは「危険な未来」なのか

堀 さて、ここからが本題です。

いま話題にした本、『小沢主義』の中に、「現代の日本が置かれている状況は大正末期の日本とひじょうによく似ている」(前掲書、一三七頁)というフレーズがありますね。大正デモクラシー、第一次世界大戦の軍需景気によるバブル景気、その崩壊、関東大震災、そして政治的リーダーの劣化、官僚政治の弊害……というふうに日本の過去の一時期をざっと回顧した上での指摘です。
　大正末期というと、一九二六年ぐらいです。二九年に世界大恐慌が起こり、三一年は満州事変、そして三三年はヒトラーの台頭です。それと対照すると、二〇〇八年にリーマンショックで金融危機になりました。今は二〇一〇年代の半ばです。もし現在が一九三〇年代と似ているなら、うっかりするとわれわれ、本当に危ない近未来に待ち受けられているのではないでしょうか。

小沢　実際、その心配がないとは言えませんね。ですから私はつねづね、何よりもまず政治がしっかりしないといけないと、強く思っています。なぜなら、これは『小沢主義』にも書いておきましたが、日本の場合、過去の不幸な一時期に暴走したのも、これからまた迷走しかねないのも、政治が悪いというより、むしろ政治の名に値《あたい》する政治が不在であることに起因するからです。
　たとえば昨今、北朝鮮が暴発したらどうしようとか、尖閣《せんかく》諸島で何かあったときにどうしようとか、いろいろありますね。どうしよう、どうしようと審議会にかけたからって、

＊4　“Le style est l'homme lui-même”.

結論が出るわけではないのです。やはりそういうときには、民主的に選ばれたトップリーダーである内閣総理大臣が、あくまで憲法と法律を遵守《じゅんしゅ》してでなければいけませんけれども、何らかの決断を下し、みんなと力を合わせて「こうしよう」と呼びかけ、国民全体の行く道を示さなければなりません。そういうリーダーシップの正統性が率直に認められる社会にしていかないと、政治は成立しません。しかし、トップリーダーの示す道が間違いだというケースもあり得ますね。だから、リーダーの決断がやはりおかしいということになれば、国民が別の政権に取り替えるのが民主主義です。政権交代の可能性があるなかでお互いに切磋琢磨《せっさたくま》し、緊張感のある政治、真剣な政治をやっていく、そういった民主主義が早く日本で定着することを僕は望んでいて、これまでずっと、そのことを唱え続けてきました。

しかし、この希望は一朝一夕《いっちょういっせき》には叶《かな》わない。やはり政権交代を経験しながら、みんなが学んでいくしかないでしょう。なにしろ、日本人は自己主張をしないというか、自分の意見を明瞭な言葉で言わないし、曖昧《あいまい》にしますからねえ。はっきりしたことを言えば、個人としてその言葉に責任を負わなければならないからです。伝統的な日本社会は、誰も責任をとらなくてもいい仕組みになっています。政府閣僚にしても、毎度、「何とか審議会」

の答申を受けてこうしましたという言い方をしているでしょう。学者さんたちを「識者」と持ち上げて隠れ蓑《みの》にし、何となくみんなで決めて、こうなりましたと発表し、どこの誰がどういう意見を吐いたかということを明らかにしないのです。こうして誰も傷つけないよう、うやむやに丸く収めるのです。

堀　調整型の政治というやつですね。

小沢　そうです。多数決を嫌う、全員賛成の政治。見せかけだけの民主政治です。これでは、イザどうするかという事態のとき、日本はお手上げになってしまいます。事実、大正末期から戦前の昭和史というのは、アメリカともダメ、中国ともダメ、どこともダメ、どうしたらいいの、どんどんやるしかないということで、誰が、いつ、なぜ決めたのか、はっきりしないいまま、つまり責任の所在が曖昧なまま、成り行きで戦争に突っ込んでいってしまった過程なのです。

堀　先の戦争にかぎらず、日本社会で取り返しのつかないことが起こるのはいつもそのパターンですね。思い当たる節が多すぎて困惑するくらいです。

小沢　だから僕は、日本人がきちんと自立しなければならないと思う。政治的に言うと、民主主義が定着しないといけない。民主主義は個人それぞれの自立が基礎ですから、主体性をもってそれぞれの意見を出し合い、意見を交わし合って、そして出た結論はお互いに守っていこうという話ですからね。従来どおり誰も責任をとらないというスタイルの疑似政治に終始していたのでは、厳しい状況になったとき、日本は漂流しかねません。

堀　わかりました。個人の自立を基礎とするデモクラシーを一刻も早く確立しておかないと、わが国はまた成り行きに流されて迷走しかねない、その意味で、軍事だけでなく、経済だけでなく、ほかでもないその経済のためということも含めて、まさに政治の強化が課題なのですね。

●「政治とは生活である」

堀　では、小沢さん、小沢さん自身の職業でもあるその政治とは、そもそも何なのでしょうか。

政治とは何ぞやというのは、私にとって学生時代からの問いです。一九七〇年代の前半に遡《さかのぼ》ると、あの当時は政治の季節がまだ終わっていませんでした。世界のすべて、人生のすべてを政治的現象として見ることが流行し、「個人的なことは政治的なことである」

というような言葉も人口に膾炙《かいしや》していました。しかし、今日冷静に考えてみれば、すべてが政治だなどと断定するのはナンセンスです。政治に解消することのできない倫理的な問題が厳として存在しますし、まして、恋の悩みを政治で解決しようったって、できるわけがありません。それから、人間には必ず死ぬという条件があって、これこそは本質的に、政治には手の届かぬ問題です。

そのことを確認した上での話ですが、実は死にも、病気およびその治療にも、人間関係にも、あらゆるところに政治は関与はしていると思うのです。

小沢　そうです。政治が考えなくてはならない対象はまさに森羅万象、すべてについて考えながら政治はやらなければいけないということでしょうね。

堀　そこで、政治の目的は何か、何のために政治をするのかということを考えるときに、『小沢主義（オザワイズム）』の中で太字になっている言葉、「政治とは生活である」（前掲書、五二頁）を思い出します。これは、かつての小沢さんの師匠であり、ある意味では反面教師でもあった田中角栄《たなかかくえい》元首相が言っておられたのを引き継がれたのだと推測しますが、いずれにせよ、名高いフレーズです。しかしながら、胸に手を当てて深く考えてみて、「政治とは生活である」とは、つまりどういうことなのでしょうか。この機会に輪郭を摑《つか》みたいと思っています。

小沢　人間が独《ひと》りで生活しているぶんには、自分勝手に生きていればいいんですが、いろいろな状況が時代とともにどんどん変化するにしたがって、人びとはやはりみんなで一つの集団というか、社会というか、それを作ってやっていくほうがベターである、都合がいい、という考えにたぶん到《いた》ったのだろうと思います。

そうすると、社会の中でそれぞれの人が、どうしたらみんなの生活を守れるか、社会集団をどのようにしてより良くしていけばいいのかということを当然考えるわけです。そこに、みんなで一定のルールを尊重してやっていこうという、ルールを作るということが出てくる。また、そうしたルールに則《のっと》ってグループ、社会をいろいろと指導していくリーダーも必要になってくる、ということだろうと思います。

ですから、私の基本は社会契約論的な考え方です。個々人が集まって、お互いに協力し合って自分たちの暮らしを守る。昔で言えば、敵からみんなを守るために団結しようということになるわけです。また獲物を獲《と》るためにも、農耕するためにも、みんなで協力したほうがいいという話になります。すると必然的にルールが必要になるし、リーダーが必要になり、政治が発生する。最初の社会ができあがる過程の中で、みんなの安全を守り、暮らしを守り、より良い社会にしていくために政治というものがある。簡単に言えば、そういうことではないか。

そういったことでリーダーが立ち、政治という営《いとな》みがおこなわれなければならないのに、国民の暮らしが脅《おびや》かされたり、命が危なかったり、生活がうまくいかなかったりしたのでは、本来の政治ではないのではないですか。政治というものは、みんなの暮らしや生命をきちんと守っていくということが使命だろう。そんな感じです。

●仁徳《にんとく》天皇と「民《たみ》のかまど」

堀　そのお答えは、もしかすると多くの人にとって、非常に意外かもしれません。小沢さんというと、すぐ「剛腕《ごうわん》」という言葉が連想され、男性的原理を基調に「強い国家」を追求している政治家というイメージが浮上しがちなんです。ところが、リアルの小沢さんが第一とするのは、人びとの命と暮らしという、むしろ女性的な価値なのですね。

小沢　そう言えるかもしれません。昔の語り伝えの中に、仁徳天皇のお話がありますよね。僕は以前あの話をしょっちゅうしていたのですが……。

堀　ぜひここでも聞かせてください。

小沢　仁徳天皇があるとき宮中の高楼《こうろう》に登って都を一望すると、朝餉《あさげ》、夕餉《ゆうげ》の時間にかまどから煙が出ていない。ご飯のときなのに、かまどの煙が見えない。これはきっと、かまどで煮炊《にた》きができないほどに民の生活が苦しいに違いない、政《まつりごと》を司《つかさど》る者としてこういうことではいけないと考え、それから三年間、租税の徴収を差し止められたというのです。

宮中の費用を減らして、それで国民の暮らしをなんとかして守ってレベルアップしていこうということです。それで数年後に皇居では雑草が生い茂り、建物も雨漏りしたり、いろいろあったけれども、民のそれぞれのかまどからご飯の支度の煙が立ちのぼるようになった。それを見て仁徳天皇が詠《よ》んだとされているのが、「高き屋に登りて見れば煙立つ民のかまどは賑《にぎは》ひにけり」という歌です。何世紀も後の新古今和歌集に載《の》っているだけなので、この歌の真偽のほどは定かでないですが、伝説には深い意味があります。仁徳天皇はさらに三年間の租税免除を決めるとともに、天皇というのは人びとの暮らしをきちんと守っていくために存在する地位であるということを、お后《きさき》や宮廷人に話されたというのです。

堀　お后がもうちょっと税を取ってくださいと言ったら、そうはいかんと……。

小沢　ええ、そういう話が語り伝えられていますね。私は「政《まつりごと》」、すなわち政治の本質はその逸話というか、仁徳天皇のその話に尽きると思っています。これが私の政治活動の原点です。

●ケネディの有名な演説をめぐって

堀　仁徳天皇のその逸話は、子どもにも通じるくらいにわかりやすい話なのですが、それが小沢さんの政治活動の原点だということ、思うにこれは、きわめて注目に値します。なぜか？　少なくとも二つ、理由があります。

第一の理由は、さきほども少し言いましたが、世間の人は政治家・小沢一郎を「強い国家」を目指す国家主義者というふうにイメージしがちなのですが、事実はぜんぜん違うのではないかと疑うきっかけになるということです。なにしろ、仁徳天皇の「民のかまど」への思いは国家主義から千里も隔《へだ》たっています。そこで伺《うかが》いたいわけです。国家というものの価値、役割、存在意義をどうお考えですか。

小沢　これは説明が難しいけれども、次のようなことは言えそうです。

ジョン・F・ケネディの米国大統領就任演説で、いま正確には憶《おぼ》えていませんが、「諸君、国家が国民に対して何をしてくれるかということではなくして、国民自身が国家のために何をすべきかということを考えたまえ」というような言葉がたいへん有名になって、今日に語り伝えられていますね。ケネディというのは意外と、俗にいう国家主義だったらしいのだけれども、私としては一つ相通ずるなと思うところがあると同時に、お説ごもっともと承服するわけにいかないところがあります。

承服できない点から言うと、国家というのは領土と国民からなるけれども、やはり国民あっての国家です。社会契約論的な考え方に立つ私の見地では、自立した個人の集団としての国民が基本である。そのあとに国家というのが出てきたわけです。最初は国家なんてなかったわけだから。

堀　思わず膝を打ちました！　実はかねて私も同じ見解なのでして、以前から、ケネディ大統領の名台詞とされているものに引っかかりを覚えてきました。奇《く》しくも小沢さんがこのタイミングでケネディを引用されたので、偶然の符合にびっくりしています。

ケネディの言葉を正確に訳すと、「……であるからして、わが同胞たるアメリカ人諸君、国がきみのために何をしてくれるのかを問うのではなく、きみが国のために何を成すことができるのかを問いたまえ」[*5]と言ったのです。したがってここには、「ネイション（国民）」や「ステイト（国家）」といった抽象的な概念は持ち出されていません。個々の国民である「アメリカ人」と「カントリー（国）」の関係への言及になっています。しかしながら、このフレーズが人口に膾炙《かいしゃ》する過程で、「アメリカ人」と「カントリー（国）」の関係が「「ネイション（国民）」と「ステイト（国家）」の関係に敷衍《ふえん》して解釈された模様です。その上、あくまで個人と「カントリー（国）」の関係を語ったものとして受け取ってもなお、やや訝《いぶか》しいです。「国」のための個人、「国家」のための「国民」という関係のあり方を打ち出しているかのような印象があって……。

小沢　私が、ケネディがわりあい国家主義者だったのではないかと言ったのも、そういう意味です。

＊5　"And so, my fellow Americans: ask not what your country can do for you; ask what you can do for your country." (Inaugural Address of John F. Kennedy, FRIDAY, JANUARY 20, 1961)

●個人、ネイション、国家

堀　すると小沢さんは、国家のために国民が尽くすというのは話が逆転しているのであって、国家は国民のためにこそある、国民の生活と無関係に国家を偉大なものにするというようなことに意味がないとお考えですね。

小沢　もちろんです。だからそういう意味で僕は、今の自民党内閣のように、そもそも国家ありき、国家のために諸君はこういう責任を果たせ、これをしろ、あれをしろというたぐいの発想というのは、それが国家主義なのだろうけれども、本末転倒だと思っています。

堀　つまり、国家はけっして軽視すべきものではなく、重要なのだけれども、ずばり言ってみれば、あくまで手段だということになりますね。国民が先行しているのであって、それこそが目的だと――。

小沢　うむ、そう言ってよいでしょう。国民の生活を守り、よりよいものにするために憲法を制定し、国家を形成し、いろいろな仕組みを作ったのですから。

ただ、国民と国家の関係にはもう一つの側面がありますよ。近代の考え方では、国民が国家を形成したわけで、本来の国の成り立ちは、出来合いの国家として国民に、上から、または外から与えられたわけではない。だから国民が当事者意識をもって、自分たちの社会生活をよくするためにどうするかを自主的に考え、自主的に実践していくべきなんです。それができない国民集団は、一見強そうな国家を誇っていても、内部から簡単に崩壊します。ケネディの台詞は主としてそういう意味なのだろうとも思うので、そこは共有します。

堀　それは見落とすべからざるポイントですね。国民は国家の目的であると同時に、国家の主体であるということになります。国民主権とはまさにこのことですね。

そうしたら小沢さん、社会契約論的な考えをここでもう一歩前へ進めて、次のような認識についてはどう思いますか。

国家という機構は国民のための手段であり、国民こそが国家の主体であり、かつ目的であると前提して、では国民、英語でいうとネイション、フランス語でいうとナシオンですが、このまとまりは何のためにあるのか。実は私は、このまとまりも最終目的ではあり得ず、このまとまりの構成員である個々人の基本的人権を守るのがその存在意義だと思うんです。なぜなら、国民というのは概念としては明確化できても、実体としては曖昧で、

「想像の共同体[6]」と呼ばれたり、「市民の共同体[7]」と考えられたりする政治的フィクションだからです。

人びとが国民として結集し、国家という統治機構を共同生活の手段として作ったといえますが、同じ国民としての連帯にもとづくその共同生活自体、正当化されるのは、一人ひとりの人間としての権利をさまざまな暴力や抑圧から守るための手段としてであろうと考えるわけです。

小沢　基本的に僕もそのように思いますよ。

堀　結局、政治的主体としての自覚のある個人が結集しなければ国民主権は成立せず、成立する国民主権の目的は個人に存する人権にほかならない、というわけです。これこそ、国民主権を謳う日本国憲法の第十三条に「すべて国民は、個人として尊重される」（傍点は筆者）と明記されている所以《ゆえん》じゃないでしょうか。[8]

小沢　なるほど、その切り口からいえばそのとおりだと思います。ただ、人間というのは単独では生き延びられない動物ですから、共同生活上、グループ共通の利益のために個人の自由が制約されることもありますよ。

堀　それは当然です。

小沢　だけど、それはあくまでも個人個人がよりよい生活をできるようになるための制約でなければいけない、ということですね。

堀　そうなんです。とりもなおさず、小沢さんの掲げる「自立と共生」のルールですよね。

小沢　そうです。

堀　まあ、ややこしい学問上の概念はこのさいどうでもよいのですが、あえていえば、国民主権の積極的行使、つまり主体としての個人の政治参加は共和主義的デモクラシーの要《よう》諦《てい》であり、その政治参加の究極の目的である個人の人権の擁護は自由主義的デモクラシー

＊6　ベネディクト・アンダーソン『定本　想像の共同体――ナショナリズムの起源と流行――』白石隆・白石さや訳、書籍工房早山、二〇〇七年参照

＊7　ドミニク・シュナペール『市民の共同体――国民という近代的概念について――』中嶋洋平訳、法政大学出版局（ウニベルシタス叢書）、二〇一五年参照

＊8　自民党が二〇一二年に発表した憲法改正草案は、この文言の「個人」を「人」に置き換え、「全て国民は、人として尊重される」に変更している

のエッセンスです。自由主義VS共和主義という現代政治哲学の基本的対立の一つを乗り越えるための「解」が、小沢さんの「自立と共生」の理念の内に見出せそうで、非常に興味深いです。

ともあれ、小沢さんが自由主義的かつ共和主義的ないわば「国民主義者」であって、いわゆる「国家主義者」ではまったくないことが確認できました。

●日本が誇れる政（まつりごと）の精神とは

堀　引き続いて、小沢さんが自らの政治活動の原点に仁徳天皇の「民のかまど」の逸話を据《す》えているということが注目に値する理由の二つ目を説明します。

西洋哲学の文脈で政治とは何かというときの答えに、大きくいって二つの系統がありす。一つは、倫理的理想を実現するという志向です。最もよく知られている例は紀元前五世紀のプラトン哲学の場合ですが、プラトンは哲人を支配者とする理想国家を考えました。プラトンにすぐ続いたアリストテレスも、国家の目的を善き生の実現とし、市民の関心を公共に向け、その徳を高らしめることをもって政治の目的と考えました。時代を下って、一五一六年に『ユートピア』という書を著《あらわ》したのはイングランドのトマス・モアですが、ユートピア思想というのはずっと続いていまして、これもまた、道徳的な価値を実現するような理想社会、理想国家をつくることを目指すのが政治であるという考え方です。きわめて理想主義的で、たいてい現実離れしているのですけれども、机上の空論としてまるごと無視するのはあまりにも惜しい、豊かな思索の系統です。

小沢　理想主義的な理念は古代ギリシャから近世にかけても続いていた、ということですね。

堀　そうです。一方、近代に入ってからは、トマス・モアと同時代人ですが、イタリアにニッコロ・マキャベリが登場し、一五一三年〜一四年にかけて『君主論』を書きました。マキャベリは道徳的なことを政治家は考慮すべきではない、もっぱら政治的な価値の実現、維持、保全を事とすべしと説きました。その場合の政治的な価値は何かというと、国家の安定です。ただ、国家の安定が何のための安定かということはどうもはっきりしません。政治的な目的のためには手段を選ばずという考えがポイントです。ただしマキャベリは、手段を選ばないことが倫理的なことであるなどとは言っていません。手段を選ばず、政治技術的に何でもやって、結果が出ればいいというのです。倫理的な正当化などはせず、政治を権力をめぐる力学というふうに割り切って捉《とら》えたのでした。

さて、プラトンやアリストテレスの系統とマキャベリの系統と両方を眺《なが》めても、言い伝えられているところの仁徳天皇の、君主の地位は民衆の暮らしのためにある、自分以外の具体的な人びとの日常の安寧《あんねい》と福祉のためにあるという端的な考え方が見当たりません。近いのはベンサムやミルの功利主義哲学に基づく実際的な政治思想でしょうが、それにしても趣旨が大きく異なります。利他というか、慈愛というか、そういう優しい感情を核とする政治観は西洋では案外、馴染《なじ》みがないのだと思います。それで私は個人的にも、さきほどのお話に、格別の関心をもって耳を傾けました。

小沢　おっしゃるように、こういう考え方がずっと語り伝えられている。この考え方が国民の中で親密に理解されているのは日本だけじゃないですか。それだけ日本の統治者は、ある意味でそういった国民の暮らし、生活ということに意を用いていたし、それからもう一つはやはり日本は島国で、全般に平和で豊かだったということもあると思います。

しかし僕がこの仁徳天皇の話をしていたら、またマスコミがどうだこうだ、どうだこうだと……。

堀　どうしてですか。

日本の統治者は、国民の暮らしに意を用いていた

小沢　おまえは相変わらずそんな古くさい話をしているのかと言ってね。

堀　新奇なカタカナ言葉をちりばめた話に飛びつき、けれんみのない話、真っ当な話を見下す軽薄な連中が多いんです。

小沢　僕はこれこそ日本が世界に誇ってもいい政《まつりごと》の精神だと思うのですがね。

堀　私はおよそ天皇制主義者ではありません。もし歴史を棚上げにして好みの政治体制を言えといわれたら、断然共和制を選びます。しかし日本に仁徳天皇の話のような智恵があって、君主の存在意義が宮廷の利益や抽象的な国家の利益ではなく、具体的な民衆の生活の利益に資するところにあるということであれば、天皇陛下と国民との関係にすこぶる感動的なものがあると思います。

小沢　うん、私も本当にそう思います。

堀　さきほど、西洋政治哲学の政治観に触れて、プラトン的な理想主義の系統と、マキャベリ的な現実主義の系統を区別しました。プラトンの国家の場合は倫理的価値の実現を政治の目的としていました。マキャベリの場合は、倫理は無視するけれども、国家の安定を政治的価値と了解し、政治行為の目的としていました。いずれの場合も、権力の目的が権力の外にあったわけです。

ところが最近、実はこれこそ深刻な問題だと思っているのですが、権力以外には目的のない政治が横行しているばかりか、それがよしとされている気配があります。どこかで小沢さんが指摘しておられたように、選挙前はあることを言い、政権を取ったらぜんぜん別のことを言い、それで権力を維持できればいいんだというような風潮があります。しかも、ふつうに考えればそんなのはケシカランということになるはずですが、最近の世間やマスメディアでは、いや、もっと洗練された知識人風の言説の中では特に、そういう態度、しれっとした居直りの態度がしばしば高度のパフォーマンスとして評価され、まるで優れた政治技術であるかのように語られています。技術のための技術と化した政治、自己目的化した政治、意味というものから遊離して独り歩きする政治の擡頭《たいとう》だと思います。

小沢　それは本当に大いなる間違った考え方だと思います。議員にとって大事なのは、主権者たる国民の代表として、国民の権力を行使して何をするかという問題です。権力そのものを目的とする、政治のための政治というのは空疎《くうそ》です。意味がありません。

ただ、そんな空疎な政治がまかり通ってしまう現実について、国民の皆さんによく考えてもらわなければなりません。

堀　国民が許してしまうからだと……。

●民主党政権の失敗と、自立できない主権者

小沢　そうです。私は二〇〇九年の春から検察にあらぬ嫌疑をかけられ、すべてのマスコミから敵視され、民主党内でも二〇一一年二月二三日からは党員資格まで停止されていたため、政権交代を成し遂げて以降は存分に働くことができませんでした。それで有権者の皆さんに対して、民主党政権の失敗をものすごく申し訳なく思っています。

しかし二〇〇九年には、自民党政権では時代の変化に対応できない、官僚支配では本当に国民の暮らしに目を向けた政治ができないということで、国民多数が民主党を選んだのです。それなのに、民主党がだめだったからといって、なぜすぐ自民党になるのか。気持ちはわかるけれども、まだ新しい政党に生まれ変わってもいない自民党に政権を返してしまったのでは元の木阿弥《もくあみ》です。そこが僕は残念でねえ……。

堀　政治主導をやるはずだったのが、当時の民主党のリーダーたちの器量が及ばず、実際にはできなかった。事業仕分けのような小手先のパフォーマンスばかりが派手に騒がれ、国民にはあれが政治主導だと思われてしまったのでしょう。

小沢　いや、民主党の政権運営を政治主導だと思った国民の皆さんはいないんじゃないで

すか。やはりあれは自民党以上に官僚の言うとおりだと思って、「なんだ、民主党はこんなものか」という意識に国民の皆さんはなってしまったでしょう。だから解散総選挙では、二〇〇九年に民主党に投票してくれた有権者のうちから一〇％以上の棄権が出た。自民党にあらずという勢力が分散してしまったというようなこともあったし、僕らの責任も大きいのですが、一回民主党に任《まか》せたけれども、だめだったから、もう元どおりでいいんだというのは、あまりにも消極的で情けないと思うんですよ。

堀　私は市井《しせい》にいて、周りの雰囲気として感じるのは、政治家に任せるとゴタゴタするし、すったもんだするから、優秀な官僚に任せておいたほうが、つまり昔ながらの「お任せ」のほうが結果はいいのだという思いです。つまり、政治主導、すなわち国民主導などということに希望を抱いたのは僭越《せんえつ》でございました、庶民の分際《ぶんざい》でいっぱしの主権者たろうとしたのは分不相応でございましたというたぐいの、自信喪失と卑屈さです。

小沢　うーん、わが同胞はすぐそういう心境になってしまう。だからいつまで経《た》っても、同じことの繰り返しなのです。一回や二回失敗したからって、これはもうだめだ、役人に任せておけばいいじゃないかという議論になるとすれば、これは自立した国民、自立する民主国家の国民とはちょっと思えない。

堀　なぜこうなのかということを私なりに前々から考えておりましてね、やや大胆な説なのですが、日本人は先の大戦前も含めて、イザという事態に自覚的には直面したことがなく、また自覚的に直面して事態を引き受けようとする気概も欠いているのではないか。それがデモクラシーへの取り組みの甘さにもつながっているような気がします。ずばり言えば、安全保障、国防を真剣に考える意識の欠如です。狭隘《きょうあい》なナショナリズムで舞い上がって好戦的な言辞《げんじ》を吐く連中には私は軽蔑しか感じませんが、一方で、アメリカの悪口を言いながら現実にはアメリカを頼り、アメリカに従うという怠惰な依頼心も問題です。役人の悪口を言いながら現実には役人を頼り、役人に従うというのと瓜《うり》二つです。

小沢　結局、日本の国民が憲法上は主権者なのに、主権者として自立していないんです。国内では何もかも「お上」に指図されながら依存し、国際的にはアメリカにコントロールされながら依存しているんです。

実際、世の中の差配は「お上」に任せておこう、外政はアメリカの言うとおりにしておけばいい、何か言われたときは金を出せばいい、というような意識が今なお、やはり国民の皆さんの心の中のどこかにあるのだと思います。

堀　それは、いわゆる親米保守陣営だけではなく、平和主義左翼のほうにも潜《ひそ》んでいますね。

さきほど、権力のための権力、権力の自己目的化という現象を指摘しましたが、その種の権力欲と表裏の関係で、日本で「左翼」とか「リベラル」とか呼ばれている陣営にシンパシーを抱いている国民の一部には、権力そのものを忌避《きひ》する傾向も根強くあるように思います。アナーキズムというわけでもないのに、何のための権力かということと関係なしに、あらゆる権力を嫌うんです。

小沢　ええ、「権力」という言葉自体も嫌いらしい。

堀　権力自体を汚《けが》れのように見て、触れたくない、という感じです。当然、本気で自ら権力奪取を企《くわだ》てることがなく、「反権力」の旗を掲げて自己満足するんです。

小沢　そこの理屈が不可解ですね。国民主権のこの国で、権力の源泉は国民ですよ。そうである以上、「反権力」というのを反骨精神の意味で言うのなら悪くないですが、自分の政治的態度の原則として掲げるなら、国民に対してつねにアンチの姿勢をとることになってしまいます。民主主義においては、権力も、国家も、国民がみんなでつくり上げ、これまたみんなで決めた憲法の許す範囲内で行使するものなのに、そのことがわかっていない。

堀　在野がそんなふうな権力アレルギーに罹《かか》っていたら、既成権力の思うツボであり、政権交代が夢のまた夢になってしまうじゃないかと、私などは思います。

小沢　天皇陛下から与えられた国家だとか、自然にできている社会だというような意識が、未《いま》だに抜け切らないのでしょう。だから、日本国民は主権者としての当事者意識が不十分なんです。

堀　だとすれば、われわれ日本人は今日、一方では自己目的化して意味を失った政治、純然たる「技術」的権力行使と馴《な》れ合う脱近代に迷い込みながら、そのくせ他方では、自己決定の意志を持つ存在として定義される近代人に、未だなり切れていないということになりますね。

●なぜ捕虜の態度に日英の差が表われたのか

小沢　日本人としてその現状を反省するために、若い頃観《み》た映画のことをお話ししておきたいと思います。『戦場にかける橋』[*9]です。舞台は戦争中の一九四三年、ビルマとタイの国境付近でね、あれは日本人が橋をつくる能力もないということを揶揄《やゆ》して製作された映画だと言う人がいますが、そんなことは置いといて、非常に注目すべき場面があるのです。

戦争当時、日本軍がタイ、ビルマの辺《あた》りを占領していて、アメリカや、オーストラリアや、いろいろな国の兵士を捕虜にしていましたね。映画の中でも、あるとき英国の部隊が捕虜としてやって来ます。ところがこれが整然としていて、それこそクワイ河マーチを口笛で吹くし、指揮官は将校のグレードを保持したままでいるんです。

この映画の中で、日本軍の捕虜収容所長がイギリス人将校にも苦役労働を命じるのですが、その将校、ジュネーブ条約によって将校は労役を課せられないのであると主張し、[*10]頑《がん》として言うことを聞かない。日本側はそれをふざけるな、おまえは捕虜じゃないかと、あの暑いところで小さなトタンでできた小屋に閉じ込めたけれども、それでも頑張る。そし

＊9　一九五七年に公開されたデヴィッド・リーン監督の英米合作映画。第三〇回アカデミー賞作品賞受賞作品

＊10　ジュネーブ条約のうちの一つである「俘虜の待遇に関する条約」（一九二九年）の第二七条は、交戦者が使役することの許される捕虜から「将校及之に準ずる者」を除外している

て一週間か一〇日経って、ようやく独房から出てくると、部下の兵隊たちが一斉に彼を喝《かっ》采《さい》して迎えるのです。

これはもちろん映画の中のエピソードで、原作はあるフランス人作家の小説らしいのですが、まあ、イギリス人に似つかわしいエピソードではあるわけです。*11

僕はイギリスって、実はあまり好きじゃないのだけれども、だけど彼らはやっぱり偉いなと、あの映画を観て感じました。自分たちの社会は自分たちが決めたルールに則っている、将校も自分たちの決めた社会のルールに従って将校になり、指揮官になっている、だから部隊まるごと捕虜になっても自分たちのルールはきちんと守る。そういう意識で生きているんだなと思い、感銘を受けたのです。その意識こそ民主主義のスピリットですからね。それを、日本人はまだ獲得していないのじゃないかな。

というのも、『戦場にかける橋』のイギリス人と対照的なのが、敗戦のときの日本軍兵士のありさまなのです。世界に軍規を誇った皇軍《こうぐん》が負けた途端にもうめちゃくちゃになってしまって、組織にもはや階級もなければ、それぞれの任務という意識もないというようなことで、白人に笑われてしまったのですよ。日本兵はいったん捕虜になれば、秘密でも何でも相手方にべらべらしゃべったらしいのです。これは本になっています。

堀　会田雄次《あいだゆうじ》さんの『アーロン収容所』（中公文庫、一九七三年）や、山本武利《やまもとたけとし》さんの『日本兵捕虜は何をしゃべったか』（文春新書、二〇〇一年）ですね。

小沢　特にその二冊です。で、ここで指摘したいのは、日本人の規律は崩れたのに、イギリス人たちが捕虜になっても軍隊の階級をきちんと守り、そしてジュネーブ協定を守れと言って抵抗したとすれば、日英のその差はどこから来るのかということです。

日本軍の階級秩序が脆《もろ》かったのは、やっぱり権力によって、権威によって、規律が上から押しつけられていたからでしょう。一人ひとりの納得というものがない。「お上」が決めたのであって、俺たち自身が認めたわけじゃないんだという意識がどうしてもありますから、強権的権威が消えたとたんに規律を失い、烏合《うごう》の衆になってしまう。

堀　上から与えられただけの規律は見かけ倒し……。

小沢　見かけ倒しです。そういうものは絶対に壊れる。形ばかりのものは壊れるんです。心に芽生えたものは絶対に壊しようがない。だから、自分で判断し、自分で行動する人び

＊11　映画『戦場にかける橋』の原作は、『猿の惑星』の作家でもあるピエール・ブール（一九一二〜九四年）が一九五二年に発表した同タイトル小説

との内面に根づく信念をベースにした社会にしなければいけないと僕は言っているんです。

堀　なるほど。日本人は比較的穏和な権威主義的文化の中でのほほんと生きていることが多いけれども、ここいらでデモクラシーの文化に由来する強さを身につけないといけないのではないかということですね。

若い頃の小沢さんを感動させた『戦場にかける橋』のエピソードは、階級制度、つまり不平等待遇のルールを守ったという話なので、民主主義とは一見裏腹のように見えるが、実はさにあらず。階級があるのがいいかどうかという問題ではなくて、階級や社会制度は人間が組織するものである。自然に与えられていて、自然に身分が違うんだということではなくて、人間としては対等だという前提の上で、人為的に作った制度であるという意識が重要ですね。やはりここでもまた、われわれはもっときっぱりと近代人になることを要請されているのだと思います。近代民主主義のスピリットが個人を主体的存在として奮い立たせるのですから。

小沢　たとえば昔、ナポレオンのフランス軍は当時としては画期的に強かったわけですよね。あれはなぜか。やっぱり、フランス革命で王政を打破した市民の軍隊だったからだと思いますよ。周りの国々はまだ王侯貴族が指揮する軍隊で、兵隊は無理やりかき集められた平民だったのでしょう。そりゃ、自分たちの英雄ナポレオンに率《ひき》いられて、自分たちの国のために戦うという意識の軍隊には到底かなわない。

堀　王国時代には「王様万歳！」というかけ声で突撃していたフランスの兵隊が、大革命以降は「国民《ラ・ナシオン》万歳！」と叫びながら突撃したといいますからねえ。

さきほど小沢さんは、上から押し付けられた規律は内面化されていないから見かけ倒しだと言われましたね。それでは、愛国心はどうですか？　日本の文部科学省は、学習指導要領を盾《たて》に、すでにほぼ一〇〇パーセントの公立小・中・高校で国旗掲揚・国歌斉唱を実施させています。それに飽き足らぬらしく、最近は下村博文《しもむらはくぶん》文科大臣が全国の国立大学の学長に対し、各種式典の際に「君が代」を斉唱するよう要請しました。[*12]

小沢　まさにそういうことをするのが、日本人のダメなところなんです。国旗への敬礼とか、国歌の斉唱とか、そういうものは国家が強制してやるものではないんです。

＊12　この要請内容に関して、海外の大学ではごく普通におこなわれていることだなどという誤った情報がインターネット上でまことしやかに流布されている。実に嘆かわしい

もちろん、人びとの国を愛する気持ちは充実していてほしいですよ。しかし、学校で、ましてや大学で、いくら上から押し付け、洗脳したところで、本物の愛国心は生まれません。それは本来、各国それぞれの国民の心の中に自然に芽生えるものです。日々の暮らしの中から、家庭生活や社会生活の中で培《つちか》われるものなんです。それを政治権力でどうこうしようとするのは、まったく見当違いです。そういう発想だから、僕に言わせると、日本の民主主義はいつまで経っても一人前にならないのです。

さっきも言いましたが、形ばかりのものは必ず壊れます。壊れないのは、それぞれの人間の心に芽生えたものなんです。ですから、愛国心の涵養云々《かんよううんぬん》については、以前私が自分の本に書いた次のひと言に尽きます。

《大人がなすべきは、子どもたちが自然に誇らしく思える社会や国家を作っていくことにある。そのことを忘れた愛国心教育はすべて無意味だと言っていい》（前掲『小沢主義』、一八四～一八五頁）

●志か、野心か

堀　ところで、いま引用されたフレーズが載っている『小沢主義』は比較的若い人たちに向けたメッセージで、「志を持て、日本人」というサブタイトルが付いていますね。ボーイズ・ビー・アンビシャスのアンビションが「野心」ではなく、「志」と捉えられているのだと思いました。というのも、現代の人間にとって、とりわけ政治家にとって、志と野心の違いがひとつの分かれ目なのではないかという気がしているからです。

小沢　ボーイズ・ビー・アンビシャス、これはガールズ……でもいいんですけれどね（笑）。

堀　あっ、そうです。ガールズでもいいんです！

小沢　最近はガールズのほうが。

堀　そうです、ボーイズがちょっと頼りないですからね（笑）。

小沢　それはともかく、アンビシャスを「野心的」と訳す場合が多いのですが、「大志を抱け」というのはとてもいい和訳だと思います。

志は何でもいいのですが、その根底に仏教用語でいう利他の心、仁徳天皇の逸話にあるような、他人のために、人のためにという意識を前提に、志を大きく持つということが大事だと思っています。それはけっして社会的な地位や、経済的な地位や、それの大きい小さいの話ではないのです。自分自身として、志を持って、利他の精神を秘めながら人生を生きていくことが大事ではないかということです。

堀　その姿勢で生きる可能性は、社会階層を問わず、すべての人に開かれていますよね。いま端的に「利他」とおっしゃったのを率直に納得できます。私はふだん、「利他」を売り物にするのは虚栄っぽくて好きじゃないのですが、小沢さんにはそんな虚栄の匂いはいっさい感じません。

かつては人びとにとって、国家というものこそ命がけで守るべきものだったのかもしれません。宗教的価値や、自分の信じる正義を最優先した人もいたでしょう。理想を胸に、革命に命を賭けた人も少なからずいました。いろいろあったと思うのですが、いわゆる先進世界ではイデオロギーの時代が終わって、そういう抽象や観念への熱が冷めた今、現実に眼を向けると、自分自身も含めて、この地上でかけがえのない人生を送っている具体的な人びとが大勢いるわけですね。そして、そのかけがえのない一回きりの人生はどの人のそれをとっても、何かの手段ではなく、それ自体が目的であるわけです。

してみると、リアルなのはやはり個人です。個々の人間が生活者として集まり、さまざまな経緯や親和性によって諸国民を構成しています。ケネディの米国大統領就任演説をめぐってすでに論じたことの繰り返しになりますが、デモクラシーの枠組みがネイション（国民）である以上、国家ではなく、国民と呼ばれる具体的な人びとに仕える政治こそが、真の意味で愛国的な政治なのではないでしょうか。

小沢　本当にそのとおりだと思います。国家は個人ではありません。巨大な別格の個人のようなものではないのです。国家の成り立ち、社会の成り立ちは、それぞれの個人がお互いのために社会をつくり、統治機構をつくってやっていこう、それが自分たちのためだと考えたところから始まっているわけです。ですから、国家をしっかりさせるのも、「国民の生活が第一」という意識をもってでなくてはいけません。

堀　同じことを、今度は職業的に政治に従事する政治家の側から考えてみます。政治家の場合も、「志」は利他で、つまり自分の外部に存在する他者たちを行動の目的とするわけですね。それに対して、「野心」のほうは自分が偉くなりたいということですよね。

小沢　「利己」のほうですね。

堀　そんな野心の政治なら、権力さえ握ればそれで成功です。政略的成功イコール政治の成功ですから、新聞雑誌などの解説記事では「見事だ」、「うまい」と書かれる。しかし、自己目的化した権力の行使が果たして政治の名に値するでしょうか。

小沢　値しませんね。政治権力というのは、どんなに強大なものであっても、それは国民みんなの命と生活を守るために、国民から与えられる権力ですから、その意識を持たないで、ただ上手にポジションだけを占めているというのでは、それは政治にならないですね。

堀　そろそろまとめます。

昨今の投票率の低さに如実《によじつ》な一般国民の政治への無関心、白け気分、そしてさらには権力自体への嫌悪感は、実は、自己目的化した権力のパフォーマンスに拍手喝采してしまうような風潮と表裏一体ではないでしょうか。

たとえば五年五カ月も政権を握っていた小泉純一郎《こいずみじゅんいちろう》氏は、「公約を守らなくてもいいじゃないか」と平然と言ってのけることまでもパフォーマンスにしてしまう人でした。そして、そういうドライな人物を演じて人気を博しました。彼の頃から、日本の政治の無意味化、すなわち無目的化が始まったのではないでしょうか。「小泉劇場」と騒がれたパフォーマンスやメディア戦術など、私の眼には薄っぺらな田舎芝居《いなかしばい》としか映りませんでした

利他の心を秘め、大きな志を持ち、人生を歩む

が、日本ではあそこから自己目的化した技術——ハイデッガーが「現代技術」として問題視し、フランクフルト学派が「道具的理性」と呼んだもの——があたかも政治であるかのような顔をし始めたのだったと思います。われわれ市民はああしたポピュリズムに欺《あざむ》かれることなく、自らの外に明確な目的を持っている政治、自己目的化しない政治、正気の政治を取り戻していかなければならないと思います。

ところが、今日、ほかでもない小沢さんのことをもっぱら政略の人だとか、政局のための政局をやっている人だとか、したり顔で言ってみせる評論家があとを絶ちません。ああした手合いの理解力のなさには本当に呆れてしまうのですが、彼らの浅知恵を超えて、われわれは政局のための政局の政治家と、政策あるいは政治目標のための政局の政治家とを、しっかり識別していく必要があると思います。

Ⅱ

憲法の話をしよう

民主主義と立憲主義

一七八九年のフランス革命のとき、「人と市民の権利宣言」の起草者たちはその第十六条で、「権利の保障が確保されず、権力の分立が定められていないすべての社会は、憲法を持っていない」（原文は欄外注参照）と宣言しました。この文言に端的に表われているのが立憲主義です。ここで「権利」とは、当時「人権」として列挙された諸々《もろもろ》の自由権です。立憲主義によれば、憲法は個人の自由という民主主義的価値を擁護する規範なのです。

ところが立憲主義には、民主主義と対立する面もあります。なぜなら、デモクラシーは「人民による、人民のための、人民の統治」です。そして「人民」は、国民国家においては「国民」です。すると、どうでしょう、「お上」が国民の人権を侵しかねないので、その権力を憲法で縛るという説明がもはや単純には通用しません。民主政体においては、憲法によって牽制《けんせい》される権力が、国民の代表たちのそれにほかならないのですから。

では、どう考えれば立憲主義を、民主主義のエッセンスである国民主権と両立させることができるのでしょうか。ひとまず難しい議論を省《はぶ》いて、次のように考えられないでしょうか。

会社に社訓あり。家に家訓あり。個人も、「一日一善」「家族・友人を大切に」などのモットーあり。社訓、家訓、個人的モットーはすべて、社員、家族、個人があたかも超越的なものであるかのように掲げる規範ですが、所詮、当事者自身がつくる規範です。当事者が変えようと決心すれば変えられます。しかし、それでいて、当事者の気紛《きまぐ》れに左右されず、むしろそれを戒《いまし》めるようにして長期的に同一性を維持しなければ意味のない規範です。

重大度こそ比べものになりませんが、憲法もまた、社訓、家訓、個人的モットーなどから類推できるタイプの規範ではないでしょうか。明治憲法は君主から与えられた欽定《きんてい》憲法でしたが、民主主義の今日、憲法制定権は日本国民にあります。ということは、憲法といえども不磨《ふま》の大典ではなく、国民の自決権の範囲内だということです。われわれは改憲を議論し、場合によっては断行してよいのです。しかし、現行憲法のアイデンティティを構成する基本原理まで変えるのは、「改正」でも「改悪」でもなく、別の憲法への置き換えにほかなりません。

国民が民主主義による集団的自己決定を、立憲主義による自制——たとえ全会一致でも個人の自由は侵害しないという自制——を受け容《い》れながら生きるときに成立するのが、集団的自己決定に潜む専制のリスクを封じ込めた、集団的自律としての自由主義的（＝立憲主義的）民主主義だと思います。

（堀茂樹）

（注）Toute Société dans laquelle la garantie des Droits n'est pas assurée, ni la séparation des Pouvoirs déterminée, n'a point de Constitution.

●日本国憲法の四大原理

堀　二〇一三年五月三日の憲法記念日に、「生活の党代表　小沢一郎」の名で、公式の「談話」を出されましたね。こんな内容でした。

《本日、日本国憲法は施行から六十六年を迎えました。憲法は国民の生命や財産、人権を守るために定められ、平和な暮らしを実現するために、自分たちで決めたルールです。

国会の憲法審査会において改正論議が進行しています。旧来の護憲・改憲論議を超えて、憲法の本質、基本的理念、歴史的経過を踏まえ、根本に立ち返った議論が肝要です。

日本国憲法は大日本帝国憲法の七三条の改正規定に則ってできあがりました。実質は改正ではなく、新しい憲法の制定でありました。一種の革命ともいえます。帝国憲法が自らの根幹である天皇主権を否定し、国民主権に大転換をしたからです。

現行憲法は国民主権、基本的人権の尊重、平和主義、国際協調の四つを基本理念、原理としています。九六条の改正規定は両院の三分の二を発議要件としており、これは基本理念、原理を否定する改正は認められないという考え方を示しています。

憲法改正の議論にあたっては、改正手続きのあり方を先行するのではなく、どのような憲法を想定し、どういう理念でつくろうとしているのかを明らかにすべきです。現行憲法は確かにいろいろな面で現在の実際に合わなくなってきており、国民の合意があれば、改正することは当然のことであります。

生活の党は憲法の四大原則である国民主権、基本的人権の尊重、平和主義、国際協調を堅持すべきと考えます。九六条の改正規定は憲法の趣旨から現状を維持すべきです。その上で国連の平和活動、国会、内閣、司法、国と地方、緊急事態の関係で一部見直し・加憲が必要だと考えます。

憲法は国民のためにあります。生活の党は国民の皆さんがより幸せに、より安全に生活でき、世界平和に貢献するルールづくりを目指し、皆さんとともに積極的に議論してまいります。》　（本書への掲載にあたり、引用者が「談話」の算用数字を漢数字にあらためた）

さて、日頃から小沢さんは、物事の根本をまずちゃんと捉えろということをよく言っておられる。いま読み上げた談話の中に列挙されていた現行憲法の基本原理について、若干言葉を添えて説明していただけますか。

小沢　まず国民主権。主権者は国民であるということ。憲法第一条には、天皇陛下の地位さえも主権者である国民の総意に基づくと書いてあります。

堀　前文（制定文）の冒頭に、「日本国民は（……）ここに主権が国民に存することを宣言し、この憲法を確定する」とあります。

小沢　次に基本的人権の尊重ですね。帝国憲法・明治憲法の場合、封建制から近代化への第一歩の憲法でしたから、いまから見て、基本的人権に関してはきちんと書かれていないという批判があるかもしれません。その点、日本国憲法は明確に書き込んでいます。ただ、時代が変わってきているので、基本的人権の中でももう少し書き加えたり、修正したりする必要のあるところが出てくるかもしれませんが、国民の基本的人権をしっかりと守っていくという原則自体は、単なる改正手続きで変えてよいたぐいのものではないと思います。

それから、平和主義。これは当然のことで、とやかく言わなくても、みんなわかることと思います。

それからもう一つ、平和主義と密接不可分のことではあるのですが、国際協調主義。これについては憲法前文に、日本は国際の平和のために最大限貢献して、「名誉ある地位を占めたい」と書いてあります。

堀　憲法前文を読んでみます。

《日本国民は、恒久《こうきゅう》の平和を念願し、人間相互の関係を支配する崇高な理想を深く自覚するのであつて、平和を愛する諸国民の公正と信義に信頼して、われらの安全と生存を保持しようと決意した。われらは、平和を維持し、専制と隷従《れいじゅう》、圧迫と偏狭を地上から永遠に除去しようと努めてゐる国際社会において、名誉ある地位を占めたいと思ふ。（……）いづれの国家も、自国のことのみに専念して他国を無視してはならないのであつて……》

（振り仮名は引用者）

小沢　どうです、非常に積極的な態度表明でしょう？「名誉ある地位を占めたい」ということは、ただの傍観者、あるいは一国だけの平和を守るというだけではダメで、国際社会のみんなから、日本は平和のために、みんなのために一所懸命やっていると評価されて初めて名誉ある地位といえるわけでしょう。ですから、ここはかなり積極的に解釈しないと、日本国憲法の理念がしっかりと理解されないのではないかと思います。

●憲法改正条項（第九六条）をどう考えるか

堀　現行憲法の基本原理については、国民主権と平和主義と基本的人権の三つで三大原理とする人が多いのですが、小沢さんとしては国際協調主義を加えて四大原理とし、これを堅持するお立場と了解しました。

では、第九六条、憲法改正条項についてはどうお考えですか。ご承知のように、改正発議に両院の三分の二の賛成が必要であって、かつ国民投票で過半数を占めて初めて憲法を改正できるという、なかなか厳しい条件が課されています。自民党はこれを変えたがっています。近い将来の憲法改正を狙《ねら》って、「硬性憲法」といわれる日本国憲法の「硬性」の度合いを下げようとしているわけです。

ところが、小沢さん自身も、自由党を率いていらした一九九九年、第九六条の改正をやるべきではないかというような議論を、「文藝春秋」への寄稿のかたちでされましたね。その論文「日本国憲法改正試案」（「文藝春秋」一九九九年九月特別号所収）を拝見しました。総議員の三分の二の壁が越えられないとか、任期六年の参議院があるために、衆議院で圧倒的勝利を収めても、三分の二に届かないとかいった指摘のあと、しかしながら憲法改正はできないものと諦《あきら》めてはいけないという文言《もんごん》まであって、かなり強く目に飛び込んでくるわけです。当時から今日までの間に、小沢さんの考えが変わったのかどうか、変わったのなら、どう変わったのか、あるいは変わっていないとすれば、どう一貫しているのか、そのあたりを伺いたい。

小沢　憲法に関する私の考えは、ぜんぜん変わっていません。

　まず、私はもともと、旧来の護憲か改憲かという仕分けのつまらない議論、硬直した議論はやめたほうがいいという意見です。護憲・改憲というのは、五五年体制時代の自民党と社会党のそれぞれの表向きだけの建前です。自民党からして、改憲を党是と言いながら、実行する気は本当になかったのです。社会党もそれを承知の上で、護憲、護憲と言っていたわけです。

堀　故江藤《えとう》淳《じゅん》氏が「地下茎《ちかけい》ですべてつながっている」と表現した両党の間の茶番だったというわけですね。そうすると、最近は自民党の改憲案に小沢さんが批判的な立場なのを見て、「小沢は、前は改憲だったのに、今は護憲に鞍替《くらが》えした」と早合点《はやがてん》する人が少なくないのですが、小沢さんとしては、あたかも紅組と白組を分けるかのような護憲・改憲の単純すぎる二分法がそもそも不毛なのだと……。

小沢　そうです。憲法といえども、神から与えられた掟《おきて》ではなく、人が決めたルールなんです。世の中の変化につれて常識的な倫理や道徳が変わっていくように、憲法も、その解釈も、変えていけないはずはないと思います。

堀　まるごと聖域化して、指一本触れてはならぬとするのは非合理な硬直だというわけですね。

小沢　戦前は明治憲法が「不磨の大典」とされていましたね。戦後は民主主義になったけれども、今度は「護憲」「平和憲法」という言葉が現実の平和の護符《ごふ》のように扱われ、一種のタブーになっています。言い方が変わっただけで、実は同じ発想なのじゃないかな。

もちろん、現行憲法の根幹を成しているような原理原則を変えたら、それはもう別の憲法をつくるに等しく、一種の革命になってしまいますが、そうではなくて、本当に国民お互いのために、憲法のここはこうしたほうがいいのではないか、時代が変わったのだから、といった修正が理性的に合意されるのは、当然あってよいわけです。その場合には、国民投票の前提となる改正発議要件が総議員の三分の二ではなくて、二分の一でも、本当はいいのです。

たとえばイギリスは、まとまった憲法典を持たない不文憲法で、古くは十三世紀のマグナカルタにまで遡《さかのぼ》る成文法《せいぶんほう》の集積に拠っているわけですよね。何百年の歴史の中で諸勢力が互いに議会制度を共有しながらリベラルなデモクラシーを築き上げてきている。あのような意味で自由主義・民主主義の原則がコモンセンスとして定着し、議会制民主主義の成熟している国はそれでやっていけるわけです。

そういう状況が政治文化として確立しているのならば、発議要件が二分の一でも、三分の二でも、どっちでもいいようなことだと思うのです。だけど日本のように、まだそこまで民主主義が成熟していないところでは、九六条のような条項にかなりの存在意義がある、ということだと思います。

実際、かつての提言で僕が九六条にだけ触れたことはないと思いますよ。憲法の全体像をきちんと示しながら、それを踏まえた冷静な議論ができるのならばいいのです。その点、最近の憲法改正論、特に自民党が二〇一二年に正式に決定し、出してきた憲法改正草案は合点がいかない。理解に苦しむ。憲法を変えたいのならば、まずその理念から議論し、全体像を練り上げ、また憲法を変えることによってどういう日本をつくるのかということを明確に示し、それを議論に付すべきです。ただ九条変更で国防軍を設置したい、第九七条のしっかりした人権擁護の規定をなくしたい、あの条項をこうしたい、ああしたいというような話なら、そういう感覚の中で九六条を先行的にいじるというのは、あまりにも姑息《こそく》で本末転倒です。

憲法改正のポイントはほかにも多々ありますよ。たとえば国際協調の姿勢を前文だけでなく逐条《ちくじょう》でも明記するということなら、私はむしろ賛成です。議院内閣制における衆議院と参議院のあり方をどう差別化するかという問題もある。基本的人権に関しても、もっと新しい権利の形態も認めるべきではないかという議論もあります。それから危機管理、非常事態の条項が憲法以下どの法律にもないのですが、そういうこともあります。

現行憲法の基本原理に則った改正、議会制度や統治機構に関するそういう改正のためならば、九六条の規定の緩和も検討してよいでしょう。

堀 つまり、九六条を金科玉条《きんかぎょくじょう》とはしないのですね。民主主義を採《と》り、国民主権に立つ以上、憲法も不磨の大典ではない。だから修正は加え得る。立憲主義の考え方に則っても、それは可能だと。ただし、この章の冒頭で引用した二〇一三年五月三日の小沢さんの公式談話「憲法記念日にあたって」にもあったように、「改正手続きのあり方を先行するのではなく、どのような憲法を想定し、どういう理念でつくろうとしているのかを明らかにすべき」ということですね。

●イギリスの「再議決」と、フランスの「改正」

小沢　たとえば憲法九六条と同様、参議院で否決された法案の衆議院での再議決には三分の二以上の賛成が必要です。しかしイギリスでは、それが過半数です。だからイギリスでは、わずか一人でも多く選挙で選ばれたほうが政権を握り、政権を握った者が責任を持って、たった一人の差であっても、国民に約束した政策を実行するのです。上院で否決されても、下院でまた過半数の賛成を得れば再議決できます。そういう意味で、本当に成熟して、論理的に合理的にきちんと割り切ってやれるというのであれば、再議決も三分の二は必要ではないかもしれない。そういうことがあります。

堀　デモクラシーの定着度、政治文化の成熟度というものも、やはり見ていかなければ、リアリティのある議論はできませんね。

小沢　そう思います。

堀　イギリスのお話が出たので、私はフランスの話を付け加えます。ふたたび憲法が改正困難な「硬性」か、改正しやすい「軟性」かという話題になるのですが、フランスは成文憲法の国で、現在は第五共和制憲法を掲げています。フランスの伝統は合理主義ですから、経験主義のイギリスと違って物事の枠組みを大きくガッガッと変えることがあり、私は国家の営みとしてはあまり褒《ほ》められたことではないというように見ています。とはいえ、フランスにはフランスの魅力もありまして、あの国では多くの物事が根元的かつ論理的に明快です。

さて、第五共和制憲法は一九五八年からですから、まださほど長い歴史はないのですが、たしかすでにもう二七〜二八回、憲法改正をやっています。改正条件も、細かいところは省きますが、大統領が提議する場合と議員が提議する場合に分けて、綿密に決まっています。その条件だけを見ると、日本国憲法がきわめて硬性の憲法であるのに対して、西欧の憲法の中でもフランス憲法がいちばん軟《やわ》らかそうに見えます。ところが、それは必ずしも事実ではありません。こう言うのには、理由が三つあります。

第一に、実際に二六〜二七回おこなわれた改正が、すべて統治システムに関するものに限られているということ。

第二に、フランスは王国ではなく共和国ですから、共和主義体制というかたちで民主主義を営んでいますが、この共和主義体制自体を変えてはならないということが決まっています。つまり、今の共和国憲法に基づいて共和制をやめる、などという矛盾したことはあり得ないのです。

三つめの理由は決定的です。第五共和制憲法の上に、一七八九年の名高い「人と市民の権利宣言」が憲法的価値を帯《お》びて乗っかっています。この人権宣言にもとることは、それが憲法の前文であろうと、第一条であろうと許されない、ということになっているので、人権宣言のほうはダイヤモンド並みに硬質です。二世紀以上にわたって、一字一句も変えられていません。

このように、一見軟性で、条文のマイナー改正を受け容れながら、原理原則において硬性の憲法があるからこそ、大統領選が毎度のように五一％対四九％の僅差で決着して政権交代が起こっても、「たゆたえども沈まず」という首都パリの標語のような具合で、百家《ひやっか》争鳴《そうめい》の討論の文化とも相俟《あいま》って、デモクラシーが続いていくのだと思います。いずれにせよ、日本のいわゆる改憲論者のうちの一部分が、外国の「軟らかい」憲法の例としてフランスの例を出すのは多分に見当外れです。

●占領下で生まれた憲法は無効か?

堀　ところで、現行憲法は米軍の占領下で成立しました。日本国民自身が民主主義において憲法制定権を持っている人民として、国民として、現行憲法を制定したとはいえません。その後七〇年近くの年月が流れました。自分たちで決めたのではないのに、このまま有効だと認めていっていいのかという疑問を持つ声が、政界にも、一般の社会にもあります。

小沢　安倍晋三《あべしんぞう》さんもそのように言っていますね。占領中にできた憲法だから、国民の自由な意志でつくったものではない。占領軍が原稿を書いて、それを日本文に直して、議会を通しただけだという言い方をして、これを改憲の最大の理由にしています。

堀　たしかに。

小沢　彼はつねにそうなのです。だから第一次安倍内閣のときに、国会での党首クェスチョンタイムの折りに、私は安倍さんに尋ねたのです。もしそれが改憲を主張する最大の理由だとしたら、つまり、日本国憲法が外国の占領下で日本人が自由に意思表示ができない状況でつくられたというのが理由だとしたら、日本国憲法は改めるべきものではなく、そもそも無効だということになるのではないですかと。

堀　ほう！　そうおっしゃったんですか。

小沢　ええ、言ったんです。そうしたら彼、なんと「現行憲法のいいところは残すんだ」と言うからねえ。いいところを残すのなら、制定のときの経緯はあっても、そこは問わずに日本国憲法を日本国憲法として認めつつ、いいところは残し、変えるべきは変えると言うべきではないですかと、私はそう指摘しました。

さきほど話題になったフランスの第五共和制憲法にも、第三国の占領下におけるいかなる法制も無効であると書いてありますね。これは法律の原則で、民法上でも、脅されたり、幽閉されたりして契約にサインさせられた場合、無効なんです。

堀　それは自由という条件が満たされていないからですね。

小沢　そうです。自由が奪われた中でやられたものは、民法上も無効ということになるわけです。だからいま言ったような議論をしたのです。もし本当に、あれはアメリカの軍事占領下でつくられたのだから、日本国憲法は日本人のものではない、すなわち無効だ、と議論を進めるのならば……。

堀　筋が通っている。

小沢　そうです。その限りにおいては、純粋法律論としては筋が通っているのです。もしそうだとしたらどうなるのかというと、結局、いったん大日本帝国憲法に戻らなければならない。すると、国民主権から天皇主権へ、憲法の基本中の基本を変えるというのは革命的な変革ですから、本来、改正手続きではできません。新しい憲法の制定ということになります。たぶんそういうプロセスになると思うのです。

もっとも、ご承知だと思いますが、現行憲法も形の上では帝国憲法の改正要件に則ったということになっています。そこは少なくとも法律論的におかしいのですが、ただ、帝国憲法も「君権」、すなわち天皇の権力を制限するという立憲主義の所産でしたし、また五五条一項に「国務各大臣ハ天皇ヲ輔弼《ほひつ》シ其《そ》ノ責ニ任ス」というのがあって、一種民主主義的側面を加味していました。ですから、帝国憲法と日本国憲法の関係についてはよく考えてみなくちゃなりません。特に立憲主義の観点で、一定の継続性を認めてよいのかもしれません。

いずれにしても、現行憲法を根本的に無効と見なしておきながら、その憲法を修正する、改正するというのは、明かな論理矛盾です。だから、安倍さん、ちょっとおかしいんじゃないかなと言ったのですが、メディアでは誰も取り上げてくれなかったから、しょう

「無効」とする憲法を改正するのは論理矛盾だ

がないですけれど（苦笑）。

堀　そんな重要で、かつ知的にも面白い話を取り上げなかったんですか？

小沢　はい、取り上げてくれなかった。

堀　ああ、メディアのレベルが低い。小沢さんはあくまで、法律論としてはそうだということですね。

小沢　純粋法律論からいえば、当然そうだと思います。

堀　では、政治家・小沢一郎としてはどうですか。

小沢　憲法制定のあの当時、国会でかなりの議論をしたことは歴史的に間違いないですね。米軍がつくった原稿、原案だとはいえ、衆議院、参議院ともに、かなりやっているんです。そういう経過が一つあるということと、それから、かれこれ七〇年ですか……。

堀　公布されたのが一九四六年一一月三日ですから、まもなく七〇年です。

小沢　もうすでに国民が理解し、馴染んでいる憲法のことですから、これをいま単純法律論で無効にして、また新しい憲法を制定するというのは、現実的に非常に無駄が多いし、賢明ではないと思う。

それならば、やはりある程度、そういう経過は認めつつも、あまりよい理由づけにはならないかもしれないけれども、国会でちゃんと議論し、衆参の議決を経《へ》てつくった憲法だから、これは是として、その上で占領下ではちょっといびつだったところがあったのではないかとか、あるいはここは時代が変わったのだから、変えたほうがいいのではないかとか、そういう議論をするのが現実論としてはいいのではないかなと思います。

堀　敗戦後、すでに七〇年経過しています。ほとんどの国民が日本国憲法の下で生まれて、それ以前を知らない世代です。敗戦後、いろいろ問題があるとはいえ、日本はここまでなんとか大過なくやってきている。それなのに、「保守」を標榜《ひょうぼう》している自民党の憲法草案を見ますと、この六〇数年、七〇年近くの実績を無視して旧《ふる》い伝統的価値観を押しつけようとするようなところがあります。

小沢　心情的にはそういうセンスなのでしょうね。かつての大日本帝国的な、そして家父長社会的なイメージがあるんでしょう。

堀　最近の自由民主党は「保守」の看板に偽りありで、むしろ「反動」の印象が拭《ぬぐ》いがたいです。

ともあれ、小沢さんとしては、純粋法律論と、それから法律論も踏まえた政治論というか、現実的な策として、何が賢明かと考えれば、いまの日本国憲法の基本原理は保全した上で修正を加えるのが一番よいということですね？

小沢　そう思います。

●人権条項（九七条）を削除する国家主義

堀　自民党の憲法改正草案が孕《はら》んでいる問題は枚挙にいとまがなくて、多くの憲法学者がいろいろと指摘しています。いちばん目立つのは九条関連ですが、前文も大きく様変わりしたものになっていますす。それから、もう一つ驚くのは、さきほど小沢さんも言及された九七条の削除です。

九七条は第一〇章「最高法規」の中の第一番目の条文で、基本的人権の不可侵性を強調しています。

《第九七条

この憲法が日本国民に保障する基本的人権は、人類の多年にわたる自由獲得の努力の成果であつて、これらの権利は、過去幾多の試錬に堪《た》へ、現在及び将来の国民に対し、侵す

ことのできない永久の権利として信託されたものである。》

格調の高いこの文言が完全削除の対象となっています。なぜこんなアンチ立憲主義的なことをするのでしょう？　自民党は、良きにつけ悪《あ》しきにつけ否応《いやおう》なく進む現代の個人主義の浸透に、焦《あせ》りというか、苛立《いらだ》ちというか、アイデンティティの危機を感じて、村落共同体的な、あるいは家族主義的な旧いタイプの絆《きずな》を保全したくて、個人の自立が邪魔であるかのようなビジョンを持つようになってきているのではないでしょうか。

小沢　たぶん彼らは政治論的に、まず国家ありきです。国家があるからこそ、国民がいるんだという話ですよ。言いかえれば、全体主義的な発想なのです。

堀　今回の改正草案も、そういう側面が強く表われています。国民に対する一種の教育勅語《ちょくご》のような憲法案になっています。

小沢　そういう社会は非常に脆《もろ》いですよ。ハナから国家、国家と、権威主義的、権力主義的に統治しようというわけでしょう。それは国家としても脆いし、もちろん民主主義ではないし、やはりきちんと自立した個人が国民として集まり、そしてみんなでつくる共同体が国家でないといけない。

たとえば憲法ひとつとっても、それぞれ個人である国民がお互いに議論し合ってつくったルールならば、これを守らないということは、そもそも約束に違反する話になるし、国民自身も自分たちがつくったものなのだから、自分たちでちゃんと守ろうよという話になります。上のほうから命令されてつくったということでは、おれの承知していない話だ、ということになってしまいます。まあ、この問題を妙なかたちで蒸し返すと、さきほどすでに論じた、現行憲法の制定過程からその正統性を問う議論に戻ってしまうのですけれどもね。

国が大事だということは、それはそれでよろしい。よろしいけれども、ただ単に国家ありきで、国民は国家のためにあるというたぐいの発想は、近代の社会契約論的な近代哲学、政治哲学に反するし、いま言ったように、本当に国民自身でつくった国家ではないから、現実にそういう国家は脆いですよ。

その意味で、何かアンシャン・レジーム、旧体制のイメージがあるのかどうかわかりませんが、自民党の安倍さんの周りの人たちはちょっと勘違いしているんじゃないですかね。そういう気がします。

堀　実際、自民党の憲法草案はかなり国家主義的で、ご指摘のとおり、国家が国民に訓辞を与えるかのような様相を呈しています。ところが、そのほかでもない自民党政権が他方では、雇用の領域などで、日本人の社会的連帯を揺るがすような、いわゆる新自由主義的な政策を強引に打っています。家族は助け合わなければいけないというような訓辞を公《おおやけ》の規範である憲法にまで書こうとするようなプレモダンな面と、グローバリズムの名の下、ＴＰＰ（環太平洋戦略的経済連携協定）など自由貿易の圧力で国内の社会福祉システムを骨抜きにしようとするポストモダンの面があるわけで、一見矛盾しているように見えるのですが、この二つの傾向は必然的に支え合っているのではないかと思われます。

何が攻撃され、何が否定されようとしているかというと、つまり日本国民のパブリックな連帯ですね。つまり社会的な連帯を家族内のプライベートな絆だけで支え合えと言っている。だから子ども手当に反対なのだと思います。そして一方ではひたすら観念的な「愛国」を振りかざし、国家主義的に日本人の誇りを回収する。そういう新自由主義的な政策と国家主義的なプロジェクトが表裏一体で進められようとしているところに危惧《きぐ》を覚えます。

●「武装独立」願望の危うさ

小沢　同感ですね。まず経済社会論でいえば、今の自民党政権は、巷間《こうかん》「新自由主義」と呼ばれているそうですが、要するに強者の論理一辺倒です。自由競争で戦って強い者が残ればいい。弱い者は淘汰《とうた》されるか、あるいは強い者の下に甘んじて、強い者からのおこぼれで生きていけばよかろうという、そんな感覚です。実際におこぼれがあるかどうかも、最近の学者の研究によると怪しいそうですけれどもね。

堀　はい、富裕層から中下層へ富が「したたり落ちる」という「トリクルダウン」の説については、それが世界の資本主義の長い歴史に照らして完全に間違っているということ、それどころかむしろ事実の真逆だということが、とりわけフランスの若い経済学者トマ・ピケティの広範な歴史研究[*13]によって明らかになりました。

小沢　今の自民党のあり方は、政治論的にも見てみる必要があります。

たとえば、ＴＰＰが日本にとって問題なのは、主として農業や漁業の関連ではないのです。いや、もちろんそれもあるのですが、日本が国民皆保険でやって来ている医療制度であれ、簡保や郵貯であれ、あるいはビジネスのルールであれ、これをアメリカ流に変えようというアメリカ的構造協議なのです。いわゆるグローバリゼーションに名を借りたアメリカナイゼーションです。アメリカのルールを日本に持ち込んで、アメリカの言うとおりにせよという話ですから、これは危険です。日本の独自性を主張するナショナリストたちから見たら非常に危険であるにもかかわらず、首相を筆頭に、自民党政権はアメリカに頭を下げてまでTPPに参加させてもらおうとしています。

それはなぜかというと、たぶん今の自民党というか、その周辺の人たちは、現時点ではやはりアメリカの機嫌をとっておいて、アメリカの言うとおりにやる以外にないという考えなのです。しかし一方において、その背景にあるのは、米国追随とはまったく裏腹な何かですよ。たとえば石原慎太郎《いしはらしんたろう》さんがいちばんの典型ですが、彼らが陰に陽に抱いている持論は、実は核武装で、武装独立でしょう。独立国家、自立国家というと、彼らの発想はすぐにそれになるわけで、核武装のことを平気で言っているわけです。第一次安倍内閣でも麻生太郎《あそうたろう》さんは核武装論を言っていたように、本当の独立、自立は武装独立だという感覚が彼らにはあるのです。

＊13　『21世紀の資本』山形浩生ほか訳、みすず書房、二〇一四年。仏語原典は二〇一三年刊

一見すると、アメリカの言うとおりにするということと、その思想は矛盾していますが、当面はアメリカの言うとおりにする以外にない、しかし究極の目標は武装独立だ、というような思いが背景にあるのではないでしょうか。それを察して、最近アメリカの政府の連中は、二国間のことですから大っぴらには言いませんが、アメリカ国内の識者は非常に安倍政権を警戒しています。

堀　どうもそのようですね。

小沢　間違いなく危惧の念を持っていると思います。ある意味で、アメリカがいちばん避けたいと思っている日本になるのではないかという危惧です。これはアメリカだけではなくて、中国だって、韓国だって、どこだって同じように反応するわけですが、日本の究極の目標が一国での武装独立であるならば、それは世界が脅威と感じる、危険きわまりない日本の再現です。事実、アメリカの有力紙「ニューヨーク・タイムズ」や「ワシントン・ポスト」、また最近「ファイナンシャル・タイムズ」が、明確な表現で報道しています。マスコミだけでなく、かなり政府筋に近いと思われる人たちも、これは非常に危険だぞと書いているのが散見されます。

日本の政界や言論界の右派の方で、口を開けば日米同盟、日米同盟と言い、一見アメリカ追随のようでいながら、腹の中ではアメリカから完全に自由な武装独立国・日本のイメージを思い描く傾向が徐々に強まっているのではないか。その影響が拡大して亡国のもとになるのではないかと危惧します。

現実には、今日ほど安全保障上の相互依存の強まった世界で、一国で軍事的に独立できるのは唯一アメリカだけです。

堀　好むと好まざるとにかかわらず、そういう現実があるわけですよね。それを直視するのがリアリズムなのに、石原慎太郎さんとか、田母神俊雄《たもがみとしお》さんとか、ああいう人たちと、ああいう人たちの流布《るふ》する自慰的な似非《えせ》リアリズム言説に酔うネット右翼たちのロマンは、子どもっぽくていけません。ガキ大将の誇り、俺は男だ！　ニッポン人だ！　というような、静かな自信に欠ける子どもの心理です。自制もなく武装独立を夢見る面と、アメリカの圧倒的な軍事力に魅せられる面が一緒くたになっています。

小沢　論理的には若干矛盾するところもあるのですが、さっきから話題にしている自民党の憲法改正草案はどんな国家イメージを喚起しますか。そのイメージから考えれば、ピッタリでしょう。国家主義で日本は強くなれると、軍事的にも強くなれると……。もちろん中国脅威論も理由にしているだろうし、いろいろ言いますが、最初に武装独立のイメージがある。あの憲法草案の起草者たちがはっきりと意識していたかどうかはともかく、そういう国家イメージが彼らの頭の中にあって、それであの憲法草案になるのだろうという気がします。

●一国平和主義はエゴイズムである

堀　なるほど、わかりました。そういうこととも関連があるのですが、小沢さんは日頃、日本も世界の一員としてちゃんと自己主張をし、かつ人類の平和に進んで寄与する姿勢でやっていくべきだと言っておられる。それが憲法前文でいえば基本原理としての国際協調ですね。

もちろん現行憲法は、平和主義を結晶させた第九条を掲げていて、戦後日本はこれを堅持してきました。しかしながら、この条件の下、日本国内の議論では、平和主義と国際協調があたかも相反するもののように扱われてこなかったでしょうか。日本社会では非常にしばしば、海外の紛争に「巻き込まれる」とか、「巻き込まれたくない」とか、もっぱら受動的な、非当事者的な言い方をします。

小沢　それは本当にね、日本人のうちのかなり多くの人の大いなる勘違い、大いなる間違いです。だって平和を維持するのに、日米同盟であれ、何であれ、形はいろいろあるでしょうが、みんなと協力しないで、自分だけが平和でいればいい、自分だけが豊かでいればいい、ということはあり得ないでしょう。それは利己主義でしかないわけです。

堀　対岸の火事を傍観する一国平和主義は……

小沢　エゴイズムです。みんなで助け合って、みんなでもってレベルアップしていこう、あるいは平和を守ろうという姿勢とはぜんぜん違います。

日米安保の例をとれば、アメリカには、日本に批判的な「安保ただ乗り論」というのがずっと前からありますよ。日本は自国では何もしないで、何かのときには一方的に助けてくださいという態度だ、ふざけるな、という議論です。もちろんわが国はアメリカに広大な基地を提供し、日米地位協定にも同意しているのですが、アメリカ側から見ればそれは当たり前の話なのです。彼らの言い分が正しいか否かということとは別に、彼らの側にそういう言い分があるということは知っておく必要があります。

平和を維持するには、それなりの努力とコストを払っていかなければなりません。そのためにみんなと力を合わせるわけで、自分たちだけ平和ということはあり得ない。ほかの人がどうなろうが私は知りませんでは、誰も相手にしてくれない。個人の生活だって、そうですよね。自分さえ安全ならば隣人が死のうが、生きようが、どうしようが、そんなことは知らぬ、ただ私のときは、みんな助けてよねという、そんな身勝手な、甘ったれた議論が世界で許されるわけがありません。

●日本国憲法と国連憲章

小沢　みんなの論議の的になっている日本国憲法第九条は、

《一、日本国民は、正義と秩序を基調とする国際平和を誠実に希求し、国権の発動たる戦争と、武力による威嚇《いかく》又は武力の行使は、国際紛争を解決する手段としては、永久にこれを放棄する。

二、前項の目的を達するため、陸海空軍その他の戦力は、これを保持しない。国の交戦権は、これを認めない。》

という条項ですが、私はこれを変える必要はないと思っています。第二項の内容は第一項にも含まれているので、一緒にしてもいいのですが、いずれにしろ不戦の誓いですから、変える必要なしです。

第一次大戦後の一九二八年に締結されたパリ不戦条約、イニシアティブをとった米仏両外相の名前で「ケロッグ・ブリアン協定」とも呼ばれている条約に、そこにほとんど同じような条文が出ていますし、*14 九条自体は右の人の立場でもさほど忌み嫌うべき条文ではないのです。

国際連合の憲章第二条にも同じような不戦の条項があります。*15 国際紛争の解決は平和的手段に拠らなければならないというものですが、問題は、それを乱す不心得な国が出てきたときにどうするのかということです。で、そのときはみんなで協力して、その不心得な

＊14　第一条と第二条は次のとおり。「第一條　締約國ハ國際紛爭解決ノ爲戰爭ニ訴フルコトヲ非トシ且《かつ》其ノ相互關係ニ於テ國家ノ政策ノ手段トシテノ戰爭ヲ抛棄《ほうき》スルコトヲ其ノ各自ノ人民ノ名ニ於テ嚴肅ニ宣言ス。第二條　締約國ハ相互間ニ起ルコトアルベキ一切ノ紛爭又ハ紛議ハ其ノ性質又ハ起因ノ如何《いかん》ヲ問ハズ平和的手段ニ依ルノ外之ガ處理《しょり》又ハ解決ヲ求メザルコトヲ約ス」

国を抑えようというのが国連憲章の七章「平和に対する脅威、平和の破壊及び侵略行為に関する行動」に含まれる四一条、四二条です。

堀　重要だと思うので、引用しておきます。

《第四一条

安全保障理事会は、その決定を実施するために、兵力の使用を伴わないいかなる措置を使用すべきかを決定することができ、且《か》つ、この措置を適用するように国際連合加盟国に要請することができる。（以下省略）》

《第四二条

安全保障理事会は、第四一条に定める措置では不充分であろうと認め、又は不充分なことが判明したと認めるときは、国際の平和及び安全の維持又は回復に必要な空軍、海軍または陸軍の行動をとることができる。この行動は、国際連合加盟国の空軍、海軍又は陸軍による示威、封鎖その他の行動を含むことができる。》

小沢　不法行為に及ぶ国に対して、みんなして経済制裁などを科すのが四一条、それでも言うことを聞かないならば武力を使ってでも止めるというのが四二条です。この条項が発動するときに日本はどうするのかということが、日本国憲法では、原則的姿勢として前文に書かれてはいるものの、逐条にないのです。そこが国連憲章と違うところです。

そういう意味で、国連を中心とする平和維持活動のためには日本は積極的に協力すべきであるという条項を九条に加えることに、私は賛成です。

堀　それはつまり、国連による集団安全保障への貢献ですね。

小沢　そうです。集団安全保障というと、集団的自衛権と混同しやすいから、僕は「国際安全保障」ないし「国際的安全保障」と呼んでいます。[*16] これを否定してしまったら、日本

＊15　第二条（原則）の第三項、第四項は次のとおり。「三、すべての加盟国は、その国際紛争を平和的手段によって国際の平和及び安全並びに正義を危うくしないように解決しなければならない。四、すべての加盟国は、その国際関係において、武力による威嚇又は武力の行使を、いかなる国の領土保全又は政治的独立に対するものも、また、国際連合の目的と両立しない他のいかなる方法によるものも慎まなければならない」

は世界を無視し、おまえらは勝手にしろという冷たい無関心・無責任に閉じ籠《こ》もることになってしまうわけです。

●日本国憲法と国連憲章と日米安保条約は三位一体《さんみいったい》

堀　しかし、小沢さん、国家安全保障というか、国防の見地に立って、国連云々《うんぬん》という抽象的なことはどうでもよい、日本が強化すべきは日米同盟だ、と考える人も少なくないです。

小沢　承知していますよ。私が、私の言う「国際安全保障」、すなわち国連による集団安全保障措置に日本は進んで貢献すべきだと述べると、右の人は――必ずしも右の人とも限らないのですが――しばしば口を尖《とが》らせ、日本には日米安保があると言うのです。そして、小沢の安保政策は国連中心なのか、日米同盟中心なのか、ハッキリしろ、などと言ってくるのです。これはあまりに無知でね、呆れてしまうのですが、この際、簡単に説明しておきます。

まず、集団的自衛権に関する昨今の議論が混乱しているので、明確に言っておきたいのですが、日本には、憲法九条にもかかわらず自衛権はあります。自然権として賦与《ふよ》されているんですから。個人に正当防衛が認められるのと同じで、それぞれの国にも自衛……、英語では同じでしょう。「セルフ・ディフェンス」というわけだから。

堀　はい、「セルフ・ディフェンス」ですね。フランス語では「レジティム・デファンス」で、「自衛」の含意《がんい》するレジティマシー、正統性という概念まで明示しています。自衛とは、つまり正当防衛のことなんですね。

小沢　それが個人に認められ、国家にも認められる。そんなことは当たり前でしょう。だからこそ国連憲章も、その第五一条で、加盟各国に対して一定の条件で自衛権の行使を認めているわけです。

＊16　「国際的安全保障」という呼称は、小沢氏が自由民主党幹事長のポストにいた一九九二年二月二一日、同党の「国際社会における日本の役割に関する特別調査会」、いわゆる「小沢調査会」の答申案で採用された。なお、「中央公論」一九九二年五月号に掲載された「小沢一郎、江田五月対談『タブーはもはやない』」によれば、同調査会では「国連による国際的安全保障」と呼ぶのがよいという意見も出たという

堀　第五一条は、その冒頭、

《この憲章のいかなる規定も、国際連合加盟国に対して武力攻撃が発生した場合には、安全保障理事会が国際の平和及び安全の維持に必要な措置をとるまでの間、個別的又は集団的自衛の固有の権利を害するものではない。》

と明言していますね。「個別的又は集団的自衛権の固有の権利」と言っています。

小沢　そうです。以前は、日本に集団的自衛権があるか、ないかと争い、あるけれど、いっさい行使できないとか、内閣法制局の考えたへんちくりんな理屈をみんながありがたがっていたわけですが、国際法上、国連加盟各国には個別的自衛権のみならず、集団的自衛権も認められているんです。権利が認められているということは、とりもなおさず、国連憲章の定める条件の下でならそれを行使してよいということです。

ただし、大事なことは、わが国の場合、日本国憲法によって、自らその権利の行使に制限を課しているということです。つまり、第九条が、「国権の発動たる戦争と、武力による威嚇又は武力の行使は、国際紛争を解決する手段としては、永久にこれを放棄する」と定めている以上、日本が直接攻撃を受けたのでも、急迫不正の侵害に遭《あ》ったのでも、いわゆる周辺事態に直面したのでもない場合、国際紛争に武力をもって関与することは憲法違反なのです。これは個別的自衛権を掲げても、集団的自衛権を掲げてもダメです。日米安保によってアメリカと共同行動をとるときも同じです。

堀　補足しましょう。「周辺事態」という概念が依拠するのは、いわゆる周辺事態法、「周辺事態に際して我が国の平和及び安全を確保するための措置に関する法律」であって、これは自自連立政権時代の一九九九年五月に、小沢さんの関与もあって成立した法律ですね。第一条で、周辺事態を「そのまま放置すれば我が国に対する直接の武力攻撃に至るおそれのある事態等我が国周辺の地域における我が国の平和及び安全に重要な影響を与える事態」と定義しています。

小沢　その「そのまま放置すれば我が国に対する直接の武力攻撃に至るおそれのある事態等」という限定は、われわれ自由党が特に要求して付け加えさせたのですよ。

さて、日米同盟と国連主義のことですが、両者が相反すると言い募《つの》る方々に、いったいあんた方は日米安保条約を読んだのかと僕は問うんです。あれは条文も一〇個くらいしかない簡潔なものなんです。その第五条に何と書かれているか、せめて一度はまともに読んでみてほしい。

堀　安保条約の第五条は次のとおりです。

《各締約国は、日本国の施政の下にある領域における、いずれか一方に対する武力攻撃が、自国の平和及び安全を危うくするものであることを認め、自国の憲法上の規定及び手続に従って共通の危険に対処するように行動することを宣言する。

前記の武力攻撃及びその結果として執ったすべての措置は、国際連合憲章第五十一条の規定に従って直ちに国際連合安全保障理事会に報告しなければならない。その措置は、安全保障理事会が国際の平和及び安全を回復し及び維持するために必要な措置を執ったときは、終止しなければならない。[*17]》

小沢　まさにそこに、日米の共同作戦は国連が介入した時点において終了すると書いてありますね。つまり、仮に日本が急迫不正の侵害や「周辺事態」に晒《さら》されて、国連憲章第四一条や第四二条による国連の介入が間に合わないときには、まず日米両国で対処しなさい、自衛権――それを個別的と見なすか、集団的と見なすかはともかく――の行使によって反撃しなさい、だけど、国連が介入し次第、それに従いなさいと指示しているわけです。

　この規定はものすごく重要ですよ。日米安全保障条約の条文に国連中心主義が書き込まれているということを意味するのですから。このように、日米同盟と国連主義は、実は矛盾も対立もしません。それどころか、合致しているんです。

　さきほど、国際平和に関して日本国憲法と国連憲章が同じ哲学を共有していることを説明しました。いま、日米安保条約が国連憲章に対応していることを確認しました。この三者、日本国憲法と国連憲章と日米安保条約はいわば三位一体なんです。

　ですから日本は、日米同盟を堅持しつつ、国連の平和活動に積極的に参加すべきです。そうすればこそ、日本に何かあったとき、世界が助けてくれるのです。これは当たり前の議論ではないですか。

堀　念のために聞いておくのですが、国連の平和活動への参加とは、現実を見れば、当

＊17　「日本国とアメリカ合衆国との間の相互協力及び安全保障条約」、外務省ホームページ　http://www.mofa.go.jp/mofaj/area/usa/hosho/jyoyaku.html

然、武力の提供も含むわけですよね。

小沢　国連の平和維持活動への武力も含む貢献です。それが憲法九条に反するでしょうか。ある国が「国際紛争を解決する手段として」おこなう「国権の発動」たる戦争と、国連が世界の国際法的秩序を維持するためにやる武力行使とは、同じ軍事行動であっても、目的と意味がまったく異質です。同一視すべきではないでしょう。国際連合は、非常に不完全な組織であるけれども、それでも世界のほとんどの国を結集し、特定の国の国益に服さない唯一の超国家的機関なのです。

●湾岸戦争時の小沢一郎とイラク戦争時の小沢一郎

堀　具体的なケースに目を転じてみたいと思います。

湾岸戦争が始まった一九九一年一月には、小沢さんは与党自民党の幹事長でしたね。そして、イラク戦争が起こった二〇〇三年三月には、在野で自由党を率いておられた。この二つの時期の小沢さんの態度が違う、矛盾していると言う人が少なくありません。いや、そう思っている人が圧倒的に多いのが現実です。

ある人たちは、湾岸戦争のときの小沢さんは与党の幹事長として責任感があってよかったけれども、イラク戦争のときにアメリカに協力しなかったのはケシカラン、小沢さんは野党根性で変節してしまったな、と言っています。ところが、また別の人たちは、小沢さんがイラク戦争に反対したのはすごくよかったけど、あの人も自民党の大物だった頃は湾岸戦争でアメリカに協力する一番手だったのよね、ああいう人はまた変わるかもしれないから信用できないねと、こう噂《うわさ》するわけです。

小沢　両方とも、ぜんぜんわかっていない人たちです。国際社会で日本がどういう態度をとるかという重大な選択の問題なのですよ。自分の立場が与党か野党かなんて、まったく関係がない。僕の判断基準はつねに同じです。国連の法的正統性を認めて、アメリカの行動であろうと他のどの国の行動であろうと、国連の決定を踏まえて論理的に判断するんです。

イラク戦争やアフガン戦争は、アメリカが自分の戦争だと言って始めたのです。あれは国連が是認した戦争ではないのです。それに対し、湾岸戦争のときには、イラクが突然国境を越えてクウェートを占領したということで、国連が多国籍軍に対して、どんな手段を使ってでもこれを阻止してよろしいというお墨付きを出したんです。だからあの折りの多国籍軍は準国連軍と見なすに値したのです。そこがぜんぜん、わかっていないようです。

堀　そうですね。国際連合が加盟国百九〇カ国以上を数え、今日、超国家的な正統性を持った唯一の政治的機関であることは間違いないです。その国連のお墨付きが、二〇〇三年のイラク戦争の場合にはありませんでした。したがって、当時のイラク攻撃はさきほどの言葉でいうと国際安全保障（＝集団安全保障）にはあたらないので……。

小沢　あたらない。だからあれは悪く言えば、リンチです。

堀　リンチ！

小沢　アフガニスタン紛争が典型的です。あれは米国大統領ブッシュ・ジュニアが、「これはアメリカの戦争だ」と言って始めたんですよ。仮に国際社会をひとつの法治国家として見たら、たとえタリバンが明らかに殺人者であれ、悪者であれ、個人的に追い詰め、叩き殺すということは許されないですよ。日本であれ、どこの国であれ、それは裁判でちゃんとやらなければならない。それを「あいつは悪者だから、おれが成敗《せいばい》する」という行動に出たら、それはリンチではないですか。

あくまでも国連で正式の承認を得て事にあたれば、アフガニスタンの情勢もあれほど変にならなかっただろうと思います。湾岸のとき、安保理でソ連と中国は棄権したのです。

だから彼らは賛成したというわけではないけれども、棄権することによって、国連としての意思を認めたのです。

こういうことはあくまでも筋道を通さなければいけない。そうでなければ、日本はアメリカの戦争にどこへでもついて行かなければならないということになります。そんなバカな話はないですよ。

●「集団安全保障への参加」と「集団的自衛権の行使」を峻別《しゅんべつ》せよ

小沢　ところが、皆さんが何の法的根拠もなく「法の番人」だとか言っている内閣法制局[*18]を筆頭に、日本の官庁は、集団的自衛権と集団安全保障――この後者は僕の言う「国際安

＊18　内閣法制局に関する規定は憲法には存在しない。内閣法制局設置法が内閣法制局の所掌事務の一つとして、「法律問題に関し内閣並びに内閣総理大臣及び各省大臣に対し意見を述べること」を挙げているが、この規定が、内閣法制局を憲法解釈をも含む法解釈の権威と見なす根拠となり得ないことは誰の目にも明らかであろう

全保障」です――に関する憲法解釈を何度も何度も変えたのですよ。
さっきも言ったように、湾岸戦争のときは国連安全保障理事会が決議し、あらゆる手段でもってイラクの横暴を鎮圧してよろしいというお墨付きを出しました。で、あの折り、このたびの多国籍軍は国連軍に準ずるものだ、集団的自衛権の行使ではなく、集団安全保障の活動だ、だから日本は協力すべきだと、与党内でもほとんど僕独《ひと》りだったのですが、一所懸命動いたわけです。ところが内閣法制局にも、外務省にも、防衛庁にも反対されました。憲法を盾にして、絶対ダメだとね。私は、おまえさんたちは何という非論理的なことを言っているんだと怒ったのですが……。
当時アメリカも、日本に前線に出る部隊を出せなんて言っているわけではなくて、ショー・ザ・フラッグ、日本も協力していることを示せ。食料を送ったり、医薬品を送ったりという後方支援でいいじゃないかということだった。しかし私は、後方支援でもダメというう拒否に直面したのです。なぜかというと、後方支援は武力の行使そのものだと言うわけです。これはその意味では正しいのです。

堀　うむ、正しいですね。

小沢　戦争は何よりも兵站《へいたん》戦ですから、兵站が続かない限り、いくら兵隊さんが強くても、食べるものもなければ、弾《たま》もないというのでは戦争はできません。太平洋戦争でも、アメリカ軍の銃弾で死んだ人より、飢餓と病気で死んだ人のほうがはるかに多いわけです。だから兵站戦はまさに戦争そのものです。その意味では正しいですが、とにかく当時は、内閣法制局も、外務省も、防衛庁も、国連の集団安全保障措置への後方支援をダメだと言ったわけです。

ところが、どうです、アフガニスタンのときに、小泉さんが石油の補給艦を出したでしょう。あれは後方支援ですが、連中、言を翻《ひるがえ》して、後方支援だからいいんだと言ったのですよ。これだから信用できないのです。その場、その場でいい加減なことばかり言う。あれはまぎれもない後方支援です。ジェット機や艦船の油を補給するわけだから、もしタリバン側に洋上で艦船を攻撃する能力があったら、いっぺんにやられていますよ。

あっちに攻撃能力がないから、何もなくてすんだのですが、ああいうふうにその都度《つど》、その都度、目先の都合で憲法解釈をクルクル変えていけば、必ず失敗すると思います。だからきちんと、日本国憲法にも、日米安保条約にも裏づけのある国連中心主義を貫《つらぬ》くべきです。そのために日本は最大の努力をするべきだと思います。

堀　肝要なことは、国連による集団安全保障への貢献と、いわゆる集団的自衛権の行使とを峻別することですね。

小沢　そういえば、「安全保障の法的基盤の再構築に関する懇談会」というものがありますね。首相の私的懇談会という位置づけですけれども、大きな役割を演じていることは間違いない。あそこが二〇一四年五月に出した報告書[*19]を見たら、国連の武力行使、国連による平和維持活動への貢献は日本国憲法に違反するものではないという僕の考えが入っていました。あれは座長代理の北岡伸一《きたおかしんいち》さん（現在、国際大学学長・政策研究大学院大学教授）が主張したのだろうと思います。

堀　北岡さんといえば、今は安倍さんの傍《そば》にいるけれど、一九九三年頃には小沢さんの『日本改造計画』の準備に参画した人ですね。

小沢　そう、当時いろいろな検討に協力してくれたメンバーの一人です。その彼があれから二四年経ってようやく、国連の集団安全保障に関する私の考えを大っぴらに肯定したわけです。

けれども安倍さんは報告書のその部分をまともに採用して安保法案を策定することはしませんでしたね。国連が要《かなめ》なのに、そこを無視して一般的な国際貢献という話にすり替え、相変わらず、「積極的平和主義[*20]」を口にしながら、周辺事態の地理的制約を超えた集団的自衛権行使のほうに執心している。

●国連中心主義はリアリズムである

堀　そうですね。以前、産経新聞紙上で安倍首相へのインタビューを読んだことがあります。そこで安倍さんが語っていたのは、要するに、現行憲法は国連に期待が集まっていた時期につくられた、国連はいろいろできるだろうと思っていたけれども、いま国連はまるで機能していない、あんなものはあてにならないということでした。

この言い分で国際連合という超国家機関を見下すのは、安倍さんに限ったことではないです。ほとんど紋切り型と化していて、いたるところで耳にします。

小沢　その言い分は少しも新しくないですよ。昔から、私はさんざん聞いてきました。しかし、国連が機能していないとして、もし国連に機能してほしいと嘘偽りなく思うのな

＊19　http://www.kantei.go.jp/jp/singi/anzenhosyou2/dai7/houkoku.pdf
＊20　この言葉については特に本書第Ⅳ章を参照されたし

ら、現実に機能するように、日本国として立ち上がり、率先して動けばいいじゃないですか。

堀　まったくそうしようとしないところに、他力本願のメンタリティが透けて見えますね。他力本願の人ほど、願望を叶えてくれない相手の悪口を言うのです。

小沢　それに、国連に期待しないと言っていると、また武装独立主義になっていきます。逆に言うと、武装独立への密かな願望が、国連の機能不全をあげつらわせるわけです。

いずれにせよ、国連嫌いは、人類の共生という、私の主張する理念に反します。十九世紀風の旧い国家主義で、旧い主権国家論です。各国が旧い主権国家論を強調していたら、各国ともに武装独立で、それぞれが軍備を拡充して、それでまた相争うという話になってしまう。それをやめようというのが国連に加盟した各国の合意だったわけです。日本は、憲法前文に謳っているように「国際社会において、名誉ある地位を占めたいと思ふ」ならば、やはりそういう国際協調による平和という理想に向かって、国連が不完全なら少しでも完全に近づけよう、そのために率先して汗をかこうと、いっそう努力すべきでしょう。その努力を目の当たりにするときに初めて、世界の人たちは日本を再評価するんじゃないですか。

堀　ふーむ、そうした主意的・積極的・先導的姿勢のほうが本物のリアリズムだというわけですね！　たしかに、与えられた既存の環境への単なる適応は順応にすぎず、本当の現実主義ではないと思います。人間の主体的な意志と行動もまた、歴史的現実を構成する要素の一つですから。

だけど、これも大事なポイントだと思うのですが、小沢さんの国連主義は、国連が決めたことなら何でもやるということですか。

小沢　いいえ、違います。国連で決めたことに参加するのは、憲法上、何も問題はない、憲法上、許されるという意味です。その時々の政治判断で、日本はこれには参加できないなとか、そういったことは当然あってよいのです。

堀　では、国家主権を預けてしまうということではなく、むしろ主権を行使して判断を下すわけですね。

小沢　ただ、仮に実際に国連軍ができ、国連に部隊を出せば、その時点において国連事務総長の……。

堀　指揮下に入る。

小沢　そうです。指揮下に入るのです。それ以降は、日本の首相が勝手に兵を動かしたり、引き上げさせたりすることはできません。してはならないのです。

そもそも、国連の名の下で海外の特定地域へ派遣された部隊を、もし本国政府が直接指揮して動かせば、それは紛《まぎ》れもなく海外派兵です。日本の場合、憲法九条の禁止していることじゃないですか。その意味で、今のＰＫＯ協力法（国際連合平和維持活動等に対する協力に関する法律。一九九二年成立）は、派遣部隊に関して日本政府の指揮を認めている点で憲法違反の疑いが濃いのですよ。

堀　なるほど。そういうきっぱりとした国連中心主義を貫けば、日本も矜持《きょうじ》を保ちつつ、国際社会で本当に名誉ある地位を占めることができそうです。また、アメリカに、安保ただ乗りなどと言われなくてすむので、堂々と日米地位協定の見直しも主張できるでしょう。それこそが真の現実主義のように思えます。

小沢さんの話は、リーガルマインドに裏打ちされていて、しかもそれがリアリズムに通じていますね。そこが面白いと思います。

現行憲法の四大原理の確認から始まって、最後は国連中心主義に話が及びましたが、骨太なロジックがわが国をめぐる現実をぐいぐいと摑んでいくさまに目を瞠《みは》りました。頑迷な「護憲」でもなければ、安直な「改憲」でもなく、またその中間の曖昧模糊《もこ》とした立場でもなく、立憲主義的な「護憲」と民主主義的な「改憲」をしっかりと組み合わせた、論理的な見解に接しました。

また、小沢さんの持論の国連中心主義が、世間でカリカチャライズされがちな「国連至上主義」ではないこと、大胆ではあるけれども地に足のついた思想であることもわかりました。いわゆる一国平和主義を排すると同時に、最近増長する気配のある武装独立主義の誘惑を退《しりぞ》けるに足る展望を与えてくれるという意味で、「第三の道」といっても過言でないと思います。この国連中心主義については、またあらためて、さらに詳しく伺いたいと思います（第Ⅳ章を参照）。

終始、筋道の通った話でした。小沢さんの二〇〇六年の著書『小沢主義（オザワイズム）』の中に、「現実と理想のせめぎ合いの中で、志を捨てない者だけがリーダーになれる」という言葉がありますね。あれを思い出しました。

Ⅲ

なぜ議会制民主主義か

人権の三つの世代と民主主義

近代の民主主義にとって侵《おか》すべからざる価値は何かといえば、それはずばり、近代における自然権である人権です。人権とは「人間の権利」で、日本語では「権利」の二文字をひっくり返すと「利権」になってしまうので、「利権」のイメージで「権利」が卑俗化されやすくて困るのですが、人権は個人の自律の条件です。つまり、人が自由な主体であるために不可欠な権利です。

さて、諸権利は歴史的に三世代に分けることができます。人権の第一世代は「自由としての権利」、または自由権です。これは政治的自由主義が一七七六年の「アメリカ独立宣言」や一七八九年の「フランス人権宣言」に結実することで明示化されました。具体的には、知的可能性の保障（思想・表現・信条の自由）や身体的可能性の保障（労働・交際・集会の自由）等々です。

しかし、十九世紀前半に英仏で資本主義産業社会が成立して以降、自由権の不十分さが明らかになりました。簡単にいうと、貧民にはそれは絵に描いた餅のごとしということです。そこで、自由権を実質的・具体的に行使するための条件を個人が国家に求める権利、「債権としての権利」が人権の第二世代として登場しました。これがいわゆる社会権（労働、正当な報酬、安全、最低生活条件、教育、休息、健康等への権利）です。

人権の三世代目は二十世紀に現われた文化権なのですが、ここでは言及しません。

自由権は個人の絶対的自由を「～からの自由」として護る権利ですが、社会権は何らかの経済的・社会的条件「～への自由」を保障する権利です。すると当然、社会権の名で国家にどこまで義務を負わせられるのかというリミットの問題が浮上します。こうして、普遍的人権を自由権だけ限定しようとする自由主義一辺倒に傾く民主主義と、社会権を要求するあまりに自由権を軽視してしまう社会主義的民主主義が対立することになります。

これについてはさまざまな意見があるわけですが、私見では、社会権は自由権享受のための条件への自由の保障であることの再確認が事柄の「肝《きも》」です。自由権消失とともに社会権は無意味化するという認識に立ち、自由権の優先性を認め、その上で、社会権の保障を自由権擁護の論理的延長として最大化していくべきであろうと思います。そうすれば、基本的人権の中核である自由権を抑圧するようなタイプの社会主義は排除され、同時に、他者たちの自由享受を尊重するための社会的連帯を拒否するような新自由主義的エゴイズムも、少なくとも理論的には退《しりぞ》けることができるはずです。

最後に簡単に付け加えておきますと、自由権のみならず社会権も、自民党憲法草案の起草者たちが主張していることに反して、義務とバーターではありません。早い話、赤ん坊には何の義務もありませんが、世話してもらう権利を有しています。つまり、赤ん坊ではなく、周りの大人が赤ん坊に対して一方的に義務を負うのです。

（堀茂樹）

●小沢一郎のライフワークとは

堀　一九九七年の夏、小沢さんは故江藤淳さんと、江藤さんの軽井沢の別荘で対談をなさいましたね。実は私は若い頃、文藝評論家・江藤淳の本を貪《むさぼ》り読んだのです。その後フランスへ渡って自分の価値観ががらりと変わり、江藤先生への心酔は醒《さ》めてしまいましたが、今でも「江藤淳」という名前は私にとって特別です。で、その対談を読んでみたところ、当時もいまと変わらず政界再編が話題になっていたようで、司会者が小沢さんに端的に質問していました。「再編にあたっての理念は何ですか」と。これに対する小沢さんの回答は次のとおりです。

《基本的には民主主義ですよ。僕は日本に民主主義があると思っていないから。日本的民主主義はあるけれど……。だからといって私は、欧米流民主主義がいいと思っているわけじゃないんですよ。しかし、わが国固有の伝統・文化は維持しつつも、ほかの国々にも通用する、国際社会に許容されるような社会に転換しなければいけない。政治でいえば官僚という優秀な集団をスタッフとして使いこなせるようにならなければいけない。政治家が

彼らの手駒にされて、あっちへ行け、こっちに行けといわれているようでは話にならない。[*21]》

小沢さんの民主主義へのこだわりが如実です。なんとなくお題目で漫然と民主主義を口にしているというようなレベルでは、ぜんぜんない。最近も、議会制民主主義の確立こそがライフワークだと明言しておられましたね。

小沢　そのとおり、日本に議会制民主主義を定着させることが私の究極の目標です。それさえ達成できたら、あとのことは後進に任せたい。

堀　では、なぜデモクラシーなのか、なぜ議会制デモクラシーなのか、それがなぜ日本に必要なのか、どんな意義があるのか、そういった点について所見を伺います。

その前に、とりあえず国会の状況を眺めると、元来オプティミストである私でも、憂慮に堪えません。民主主義の核心の価値である人権を危うくするような特別秘密保護法案が

＊21　「特別対談――小沢一郎氏『理念なき自社さ政権の罪は大きい』」、江藤淳『小沢君、水沢へ帰りたまえ』産経新聞出版、二〇一〇年、六八頁。初出は産経新聞、一九九七年九月二日付

いとも易々《やすやす》と可決されてしまう昨今の国会*22を前にすると、わが国の議会制民主主義の将来が明るいとは考えにくいのです。

●政権交代がもたらしたデモクラシーの実感

小沢　仮にもし現状のまま続いていくなら、本当に日本の民主主義には未来がないでしょう。ただ、私がある意味で非常に期待している側面もあります、二〇〇九年の夏の選挙で、実質的に半世紀以上続いた自民党長期政権を国民が新政権に取り替えましたよね。

堀　はい。

小沢　あの政権交代を民主党の失敗と見て、あんなのはやる必要がなかったみたいなことを言う人、意味がなかったと言う人もいますけど、私はそうではないと思います。自民党政権がこの先ずーっと続くと思っていたほとんどの日本国民が、自分たちの意思表示で政権を取り替えられるということを肌で感じたはずです。ですからその意味では、やはり画期的だった。歴史的に見て非常によかった。あのあと民主党政権が成功すればもっとよかったのですが、うまくいかなかったことを勘定に入れても、僕は議会制民主主義定着のためのワンステップだったと思います。

堀　しかし、民主党政権の失敗で、国民の間に、政治的自立へと促《うなが》されたことに対する恨《うら》みの感情さえ発生したような印象があります。有権者が投票行動によって政権交代を成し遂げたという点に意義があったにせよ、その一方で、民主党政権のドタバタやギクシャクを眼前にして、二〇〇九年に民主党を勝たせた人びとはなんだか自分がバカにされたような腹立たしさと敗北感を覚え、それが、民主党と、民主党に連なっていたすべての政治勢力への反感に転じたのではないでしょうか。

小沢　期待が大きかっただけに、失望ものすごく大きかった。恨みも募った。それはそのとおりです。けれども、繰り返しますが、国民の皆さんは政権を自分の手で取り替えるという経験を積んだわけです。これは大きいですよ。ですから私は、現状を必ずしも悲観的に見てはいません。

一つの事実を挙げましょう。二〇一二年師走《しわす》の総選挙では自民党が圧勝したわけです

＊22　特定秘密の保護に関する法律、通称特定秘密保護法は二〇一三年一二月六日に国会で成立し、翌年一二月一〇日に施行された

が、あの折の自民党の総得票数は選挙区で二五六〇万票ほどでした。二〇〇九年と比べて、ぜんぜん増えていなかったのですよ。むしろ一六五万票ほど減っていたのです。比例区では二二〇万票もの減でした。[*23] ただ、二〇〇九年には七〇％弱だった投票率が、約一〇％落ちたのです。およそ一〇〇〇万を超える数の有権者が新たに棄権したわけです。[*24]

翌一三年夏の参議院選挙でも、ほぼ同様の現象が起こりました。[*25] それから、これは私ども政治家の責任であり、有権者に申し訳なかったのですが、自民党・公明党に対抗する陣営が分散しちゃって、一つにまとまることができなかった結果、得票数がさほど多くなくても得票率が相対的に高かった自民党に、大量の議席を与えてしまったのです。

こういう現実をあるがままに見て、私は、二〇〇九年の政権交代を経験した国民皆さんの意識の変化に非常に期待していますし、楽観しています。事実、安倍政権になって以降も、自民・公明の与党にそれ以外の勢力が対峙《たいじ》して一対一の勝負となった首長選挙では、たいてい野党側の候補者が勝っているのです。民主党政権に対する失望がうんと大きかったのは事実ですが、だからといって国民は、今の与党をよしとしているわけではないのです。

堀 それにつけて、かつてフランスで見聞したことを思い出しました。あの国では一九八一年に政権交代が起こりました。大統領選挙で、社会党を中心に中道から共産党までを結集した候補者ミッテランが当選したのです。なんと二三年間も保守政権が続いたあとのことでした。あのミッテランという人も、こう言っちゃなんだけれどもキツネのように狡猾《こうかつ》な感じで、単純には理解しがたい人でしたけれども、とにかく政権交代の立役者になった。大統領選決選投票の結果が判明した一九八一年五月一〇日の夜、パリのバスティーユ広場――いうまでもなく、フランス革命ゆかりの場所です――に、市内からはもちろん、郊外からもおびただしい数の老若男女が集まって来て、歌い、踊り、演説し、議論しまし

＊23　二〇一二年の衆議院選挙における自民党の得票数は、選挙区で約二五六四万票（得票率四三・〇二％）、比例選挙で約一六六二万票（得票率二七・六二％）。二〇〇九年夏の衆院選では選挙区で約二七三〇万（得票率三六・六八％）、比例選挙で一八八一万票（得票率二六・七三％）

＊24　二〇一二年の衆議院選挙は投票率が戦後最低を記録し、選挙区選挙では前回二〇〇九年の衆院選での六九・二％を約一〇ポイント下回る五九・三二％であった。比例選挙のほうも前回を約一〇ポイント下回る五九・三一％だった

＊25　二〇一三年七月の参議院選挙の投票率は戦後三番目に低く、選挙区選挙でも、比例選挙でも、前回二〇一〇年の参院選の投票率を五・三一ポイント下回る五二・六一％であった

た。その渦に、当時留学生だった私は立ち合いました。個人的には、フランス社会党に必ずしも好意的な意見は持っていなかったのですが、それでも、デモクラシーにおける大きな政権交代とはこういうものなのかと感銘を受けました。

そのあと、ミッテラン政権は、イギリスのサッチャー、アメリカのレーガン、そして日本の中曽根康弘《なかそねやすひろ》といった新自由主義・新保守主義の国際環境の中で孤立し、経済政策では破綻《はたん》しましたけれども、なんとか政権を維持し、その後、選挙によって何度も政権交代が起こるという状況にフランスは戻りました。それぞれの時代の渦中での政治的選択が正しいか、正しくないかは、最終的には歴史が明らかにするのでしょう。とにかくあの夜、バスティーユ広場に集った市民たちは、自分たちの意志と行動で多数派を形成すれば実際に国政を動かせるんだ、これがデモクラシーなんだということの実感で高揚していました。彼らは今や結構な壮年に達していたり、すでに他界したりしているでしょうが、あの政権交代の一夜を忘れた人はおそらくいないだろうと思います。

小沢　そうでしょう。民意による政権交代だったのですからね。

●日本人と民主主義の歴史

堀　とはいえ、われわれにとって大事なのはなんといっても日本です。日本の社会では、フランス人がホームパーティででも平気でするような政治談義がなかなかできません。周りと違うことを言う、異論を述べる、異議を申し立てる、そうしたこと自体がまるで悪いことというか、「世間を騒がせる」迷惑なことのように見られることが多いのです。それで、いっぱしの大人で、いわゆる高学歴であるような人びとの間でさえ、実際のところ、政治や社会問題が話題になることは稀《まれ》なんですね。皆が暗黙のうちに避けています。

小沢　うん、そうですね。

堀　そういう政治文化そのものの未成熟が否めないので、小沢さんの楽観説に一理も二理もあると認めつつ、でも状況は厳しいなあと私は思うんです。たしかに二〇〇九年の政権交代では、多数の日本人が、やった！　と思ったでしょう。「政治主導」が合言葉でした。政治主導とはとりもなおさず国民主導であり、国民主権の行使ですから、過半数を制した側は活路を得て、これでやっていこうという気になった。別に官僚を敵視するわけではないが、決定権はあくまで国民にあるんだ、国民の代表にあるんだ、ということでやろうとしたわけですね。ところが今では、やっぱり中央官庁の上の方の人たち、つまり「お上《かみ》」に任せたほうが無難だという、そういうリアクションが起きてしまっています。いったい、われわれ日本人は本気でデモクラシーを生きる気があるのでしょうか。

まず民主主義とは何か、なぜ民主主義がいいのか、そこのところを問わなくてはなりません。その次の段階で、なぜ議会制民主主義を採るべきかが問われるでしょう。日本に伝統的な社会文化があるにもかかわらず、なぜ小沢さんは西洋発祥の近代民主主義を選択するのですか。

小沢　古来、日本に民主政治がなかったということではないと、私は思いますね。ただ、日本は昔から比較的温暖な気候で、豊かで穏やかな風土だったと言われていますし、大陸諸国家にあったような血みどろの争いは日本列島の歴史にはほとんどなかったようです。もちろん権力者同士の争いはありましたが、厖大《ぼうだい》な数の一般民衆が関与した民族と民族の殺し合いとか、国と国の衝突みたいなものは、事実少なかったと承知しています。そういう背景ゆえに、日本は伝統的には全会一致のコンセンサス社会で、長い間それでやって来た。僕はそう思います。

ところでコンセンサス社会の中では、自己主張はできるだけしないほうが得なんです

日本は伝統的なコンセンサス社会なのです

ね。今の日本社会もそうじゃないですか。会社でもどこでも、何か意見を力説すると、あの野郎、目立ちすぎる、などと言われるでしょう。

堀　「空気を読めない」と言われるようです。

小沢　そうすると、すぐに、まあまあ、まあまあと、こうなるんですね。そうやって丸く収める式で実際に平和に豊かにやっていけるならば、僕はその日本的な譲り合いの「曖昧民主主義」でもいいと思いますよ。だけど、数世紀前に世界で近代が始まり、だんだんグローバル化したわけです。すると、日本だけ鎖国政策を敷いて、日本人だけで丸く、丸くというのではもう収まらなくなった。それで日本も明治維新をやり遂げて近代化に突入していった。さもないと生き延びることができなかったからです。そういうプロセスに入って、初めのうちは好調だったんだけれど、やはり相変わらず日本には、責任の所在をはっきりさせながら集団の意思を決定するというシステムがちゃんとできていなかったのですね。結局、戦争になだれ込んで失敗してしまった。

堀　たしかに、特定の誰かが強権的に引っ張ったのではなく、社会全体がなんとなく大政《たいせい》翼賛会《よくさんかい》的になって、気がつけば戦争が始まっていて、後戻りできなかったと……。

小沢　心情的な物事に日本人は動かされやすいんですね。で、周りとギクシャクするのを嫌って、みんなが右と言えば自分も右、みんなが左と言えば自分も左みたいな、いわゆる迎合に嵌《はま》っていく。雰囲気というのですかねえ、小泉純一郎さんがよく「雰囲気」という言葉を使ってね、イラク戦争への日本の対応についてまで、その時・その場での雰囲気で決めるなんて言っていたものですが、その雰囲気というやつに、日本人は往々にして流される。要するに自己主張がない。自分自身で考え、自分自身で判断し、自分自身で結論を引き出して行動するという自立性がない。しかし民主主義というのは、個人個人に自立の意志があって初めて成り立つのです。それが前提なのです。

数世紀来の推移ですが、今日ますます地球社会が、したがって国際環境が、大きく変わって来ていますね。その中で日本と日本人が生き延びていくためには、やはりきちんとした自己主張を持って世界の国々、世界の人たちと接していかなければならない。異邦の人は当然われわれとは違う利害を持っているし、文化も異なりますよ。そういうなかで自分の立場を明確にしながら、相手の立場をも認めて、共生を図っていかなければなりません。それがすなわち政治であり、民主主義を生きるということです。「共生」といい、「政治」といい、「民主主義」といい、ほとんど同義語なんですよ。

●自立と責任と——何が日本人に欠けているのか

堀　ただ、古代ギリシャの昔から、民主主義の政治はしばしば衆愚《しゅうぐ》政治として批判されてきました。

小沢　はい。人びとはややもすると付和雷同《ふわらいどう》に流れるし、多数の横暴という問題も起こる。だからソクラテスでしたか、哲人政治を理想として……。

堀　それはプラトン、ソクラテスの弟子だったプラトンです。

小沢　ああ、プラトンですね。プラトンが理想とした哲人政治が現実に存在することができるのならば、それがいちばんでしょう。だけど、神様のような「哲人」なんて実際にはいないわけですから、結局みんなでルールを決めて政治をしようということにならざるを得ない。それが民主主義です。衆愚的な要素はあるけれど、独裁に比べれば大きく間違うことはないだろうという、そこに民主主義のいいところがあるわけですね。だから実際、時間はかかる、手間暇《てまひま》はかかる、さっぱり結論が出ない、といった欠点もあるんだけれど、やはり民主主義を採用するのがよい。

ただし、それを成功させるためには、みんなが自分自身の考えをきちっと持って、主張をしなければいけません。それがないと民主主義は成り立たない。その代わり、前にも「クワイ河マーチ」で有名な昔の映画『戦場にかける橋』の話を持ち出してお話ししましたが(第I章参照)、本当に自分たちで相談し、議論し、自分たちで決めたと言えるような合意、これほど強いものはないんです。それに対して、吟味もせずに既存の権威になびき、上からの命令について行くような集団は、戦時はいうまでもなく、平和のときも脆《もろ》い。これもまた、民主主義を選ぶべき一つの理由なんじゃないですかね。

堀 たしかに民主政治の本来的な形、すなわち理念型では、市民がそれぞれ自分で考え、自由な議論をとおして合意形成をします。つまり、元からあるとされるコンセンサスに同調するのではなくて、コンセンサスの形成を目指して侃々諤々《かんかんがくがく》の議論をする。コンセンサスがあるどころか、むしろお互いの立場が対立しているのが当たり前という前提を受け入れた上での熟議をとおし、合意形成をしていくわけですね。そうして出来上がるコンセンサスは、空気のように曖昧な疑似コンセンサスへの同調よりも、いざとなったら格段に強固だということですね。

小沢　日本国民もいまや主権者なのだから、もう少し主権者らしく振る舞わなきゃだめです。そういう意味で、私はもう少し、日本人を自立へと促したい。個人の自立こそ民主主義の基本ですから。

堀　なるほど。しかし、小沢さん、その面で楽観させてくれる要素もありますよ。近年、好むと好まざるとにかかわらず、日本人の社会生活・家庭生活のあり方がいちじるしく変化しました。私は大学で若い世代を相手にしていますが、彼・彼女たちにとって、たとえば、自分の配偶者を自分以外の人が選ぶなどというのはハナからあり得ないことです。彼らを相手に、二、三世代遡《さかのぼ》って、きみたちのおじいさん、おばあさん、あるいは曾《ひい》おじいさん、曾おばあさんくらいの世代では、若い男女が親戚や知人の紹介でお見合いをして、そのあとわずか一、二回デートするだけで婚約・結婚が決まるというのも珍しくなかったと話すと、みんなキョトンとします。親の意向とか、世間体とかが結婚相手選びを左右するのは、今の若者には我慢ならないという以前に、まったく論外なのです。このように、自分のことは自分で決めたいという自己決定願望はいまや抗《あらが》いがたく日本人のメンタリティに浸透し、社会生活にも定着してきています。

小沢　ええ、そうした側面は事実として納得できますね。

堀　この現象を私は「個人主義化」と呼ぶことを避け、外国の一部の社会学者らに倣《なら》ってむしろ「個人化」と呼ぶのですが、これによって、個人がもたれ合いよりも、自立へ、自立へと促されてきていると思います。もっとも、この現象にもリスクがともなっていて、「他者への窓」を持たない個人ばかりを増殖させると、狭い意味の「個人主義化」になってしまうのでまずいのですが、それはともあれ、個人化が不可逆的に進行している。とりわけ女性の意識の解放が目覚ましいです。二十世紀の中葉までは、世界の先進国でも男尊女卑が支配的でしたが、今ではそれはすっかり時代遅れになりました。こうしてどんどん現われてくる個人が、もし自分の好きなことをするというだけの動物的「自由」に飽き足らず、自分や自分のグループの物質的満足や心理的満足、つまり私益や特殊利益といったものへの密着から多少とも離れて、ものを判断する真の自由に目覚めれば、公共心のある、健全なデモクラシーにふさわしい市民へと進化するはずです。その素地《そじ》は、日本の社会にもすでにできているのではないかと私は思います。

ただ、これまでの権威主義的な、迎合主義的なメンタリティが根強く残っているのも事実です。そしてそれが日本社会の一体感をつくっているように見えながら、ご指摘のように、実は深くて強い本物の一体感にはつながっていないのではないかとも思われます。いまは、新たな方式の一体感を探して、まだ見つけられないでいる過渡期なのかもしれません。

小沢　何が欠如しているかと言いますとね、男でも女でも、別に親の言うとおりの結婚をしたっていいのですが、要は、自分自身の責任で親の言うとおりにする、あるいはそうしない、と決断することが大切なのですね。ところが、見ているとそうじゃなくて、他人の指図に自ら納得することなく、事なかれ主義的に従っておいて、それでその結果についてぶつぶつ、ぶつぶつ文句を言う人が多い。これがいけないのです。

だから、個人であれ、集団であれ、自分のこと、または自分たちのことを、自ら決めるのが当然になってきたのはそれでいいのですが、問題は、自ら決めたことの結果に対して責任を負う覚悟があるかないか、そこのところなんです。なにせ自立っていうのは、自分の自由を堂々と行使した上で、自己責任を引き受けることですからね。そういう意味で、何かがうまくいかなかったからといって他人のせいにするとか、社会のせいにするとか、それではいけない。自分の判断でやることは大いに結構だけれど、その尻拭いも自分でしなければいけない。そこさえ自覚できれば、日本人は大丈夫だと僕は思います。

●「自己責任」と共生

堀 その「自己責任」という言葉について質問します。

小沢さんは、いまを遡ること約二〇年、自民党を離党された一九九三年に、『日本改造計画』（講談社、一九九三年五月二〇日初版発行）という本を出されましたね。ベストセラーになったその本の「まえがき」が、米国アリゾナ州北部のグランド・キャニオンで、岩山の上に転落を防ぐ柵がないので驚いたという記述から始まっていて、多くの読者の心を鷲づかみにしたと言われています。

小沢さんはその一節で、もしグランド・キャニオンが日本にあれば、日本人はその観光レジャーの場にさえ安全柵を張りめぐらせてしまうであろうという言い方で、日本型民主主義の社会では個人が「集団への自己埋没の代償として、生活と安全を集団から保障されてきた」ということを雄弁に指摘した。その上で、時代の変遷を踏まえ、日本についてこう書いた。

《人々はいまだに「グランド・キャニオン」の周辺に柵をつくり、立入禁止の立札を立てるよう当局に要求する。自ら規制を求め、自由を放棄する。そして、地方は国に依存し、国は、責任を持って政治をリードする者がいない。

真に自由で民主的な社会を形成し、国家として自立するためには、個人の自立をはからなければならない。その意味では、国民の〝意識改革〟こそが、現在の日本にとって最も重要な課題といえる。

そのためには、まず「グランド・キャニオン」から柵を取り払い、個人に自己責任の自覚を求めることである。》

この一節のインパクトが強かったからだと思うのですが、以来日本で、「自己責任」という言葉が頻度高く遣《つか》われるようになって、いまに到っています。

ところがですね、今日この言葉は、少なくとも日本では、ざっくりいえば、右派の人が振りかざす言葉、左派の人が忌み嫌う言葉となっています。つまり「自己責任」という言葉が今日、多くの日本人にイメージさせるのは、自由競争の原理を強く押し出す一方で、社会的連帯には消極的な態度なんです。これを嫌う人は、苦境に陥《おちい》った人や金銭的に困窮している人を突き放す冷淡さ、冷酷さの表現だとさえ言います。

小沢　ええ、それは特に小泉純一郎さんの政権が続くうちに、「自己責任」という言葉の意味が日本社会の中で変な方向へ逸脱してしまったんじゃないですかね。私はといえば、『日本改造計画』の頃から一貫して、自分の意志を自由に貫いて生きる本人が負うべき責任という、ごく当たり前の意味でこの言葉を遣ってきました。

私はもともと世の中のたいていの事業は「フリー、フェア、オープン」、つまり自由で公正で開かれた社会の中で競争原理を生かして切磋琢磨《せっさたくま》するのがよいという考えだし、市場経済を基本にしますけれども、だからといって競争原理一辺倒でよいと思ったことは一度もないです。

そもそも、ご承知だと思うけれども、私の政治理念は「自立と共生」です。「自立」が大事なのはもちろんで、これが第一ですが、「共生」も強調していて、「自立」する者同士が「共に生きる」ということなんです。これはそのまま、ちょうど『日本改造計画』の刊行と前後して発表した新生党の結党宣言にも謳《うた》ったのですよ。

堀　一九九三年のその結党宣言の一部分をここに引用しておきましょう。

《（……）これからの世界の平和と繁栄は、人類そして民族、国家、個人、更には宗教、文化などが、いかにして自立し共に生きていくかにかかっています。この「自立」と「共生」の理念は、地球上のあらゆる問題の解決に役立ちます。》

小沢　そして党の基本綱領には、生活者の視点で助け合うということも掲げていたのです。[*26]

ともかく、以来ずっと、私は「自立と共生」と言ってきています。一人ひとりの個としての自立が民主主義には不可欠で、集団の中に埋没して顔もはっきりしないような個では

＊26　当該綱領に、「わたしたちは……生活者の視点に立ち思いやりのある諸政策を実行し……」との文言がある

ダメなんですが、それは、個がバラバラに分散してよい、互いに無関心でよいということではない。それぞれ自立してみんなと共に生きる、つまり「共生」する、ということでなければ、何のために社会を営み、政治をおこなうのか、わからなくなってしまいます。

たとえば、「自分の安全は自分の責任で守る」というのが自立の意識ですね。ですから、あくまで「自己責任」が基本です。だけど、もし個人の力では守りきれないとか、何かハンディキャップがあってそんなことは無理だとか、そういう場合には当然、国や社会が手助けすべきです。そういう意味で、私は社会的連帯や社会福祉を軽視するものではありません。「自己責任」という言葉を、そういう連帯や保護を拒絶することの口実にするのは本当にどうかしています。

●小泉、安倍政権の「新自由主義」をどう評価するか

堀　私はそのご見解に同意ですが、そうすると必ず、例のグランド・キャニオンに転落防止の柵を設けるような話じゃないか、小沢一郎は『日本改造計画』ではセーフティネットはなくていいと言っていたのに、最近はセーフティネットが必要だと言っているのか、お

かしいじゃないかと、こういうふうに言ってくる人がいます。

小沢　そういうことを言う人は、公私の区別、パブリックとプライベートの区別がわかっていないのですよ。

グランド・キャニオンの散歩は、まったく個人のプライベートな遊びといっては言葉があれだけれども、私的な行動の範疇《はんちゅう》に入ることです。その範疇に政治が関与するのは要《い》らざるお節介《せっかい》です。プライベートなことは個人の自由なんですから、政治は責任を負えないし、第一、近代民主主義では、個人の自由の範囲に政治が介入することは許されません。ですから、何度でも言いますが、グランド・キャニオンのたぐいにセーフティネット、安全柵は要らないのです。それに対して、私が必要だと言っているセーフティネットは、国民全体の生活を維持していくというパブリックな課題に役立つ社会政策的なセーフティネットです。

グランド・キャニオンの例も含めて、私は二〇年前もいまも、個人で始末すれば済むことは個人の勝手に任せろと。一方で、個人だけでは済まない、社会全体としてやらなければいけないことに関しては、政治がセーフティネットを用意しなければいけないと、そう言っているんです。

堀　言い換えると、国家がまるで親のように国民を子ども扱いするパターナリズムとは訣《けっ》別《べつ》せよということですね？　そして同時に、国民のために存在する国家として、社会的な悲惨を防ぐためのセーフティネットの整備は、「自己責任」という言葉を悪用して逃げることなく、政治責任として引き受けろと、そういうことですね？

小沢　そうです。私は個人の自由と責任を基本に考えているので、「お上」が国民を丸抱えするようなタイプの国家ビジョンには賛成できません。むしろ、競争社会を肯定するからこそ、そこにはセーフティネットが必要だと言っているんです。

堀　やはり小沢さんの思想は、人権の中心である自由権を基本にし、その自由権へのアクセスを可能にする具体的条件を保障するものとして社会権を認めていく思想ですね。まさに、政治哲学的な意味におけるリベラリズム、すなわち自由主義的な民主主義です。社会経済思想としては、「自由放任《レッセ・フェール》」の名で市場を野放しにする古典的自由主義ではなく、かつてニュー・リベラリズムと呼ばれたこともある社会的自由主義に相当すると思います。

ところがですね、小沢さんの自由主義がそういうものであることを理解できていない学者やジャーナリストが多いんです。彼らは異口同音に、もともとの小沢一郎の政治理念を実現したのが小泉政権であり、安倍政権なのだという解釈をおこなっています。そこで念のために質問するのですが、二〇〇一年から二〇〇六年まで小泉内閣が推《お》し進め、二〇一二年末からの第二次・第三次安倍内閣の「成長戦略」なるものに色濃く表われてきている「新自由主義」、ニュー・リベラリズムならぬネオ・リベラリズムについての小沢さんの評価はいかなるものですか。

小沢　「新自由主義」という呼び方が適切かどうかは知りませんが、小泉さんや安倍さんの社会経済政策に反映されている思想については、非常に危険だと思っています。ああしたイデオロギーを採用するのなら、もはや政治は要らないですよ。強い者がどんどん、ただ勝てばいいんだ、という話ですから、政治以前の弱肉強食の世界になってしまう。

堀　正直、わが意を得たりです。あれはいわば、政治は要らないという政治、政治を無効化する政治ですよね。

小沢　そう思います。社会的野蛮《やばん》の肯定です。「自立と共生」に反するし、私のいう「自己責任」とも違います。相容《あいい》れません。

●首相公選制は大統領制

堀　小沢さんの社会ビジョンについて、ひいては人間観について、貴重な確認をさせてもらったので、次には、それを踏まえて民主主義のモダリティというか、様式、方式について考えてみたいと思います。

自立した近代人が共同生活をしていく場合、局面、局面で、公の問題に関する共同体としての意志を明確に決めなくてはなりません。多くの選択肢があり、さまざまな意見が対立していれば、意志統一は無理でしょうが、それでも共同体としての選択を一つに絞らなければならないわけです。人権との関係で、この集団的自己決定の正当性と有効性を担保するのに民主主義が不可欠であることはよく理解できます。ところが最近、「政治不信」という名で、代表民主制への不信感が拡がっています。

市民が市民としてだんだん目覚めてくると、地方行政レベルでも、国政レベルでも、自分たちが選んだ議員がマニフェストや公約で言っていたことと違うことをやっているのが目につきます。たとえば、先般の民主党政権は特に消費税をめぐって、現在の自公政権もＴＰＰ交渉などをめぐって、市民への約束を完全に裏切ってきたという事実があります。

現政権はまた、選挙で多数を制したあと、選挙のときには話題にもしなかった特定秘密保護法案を急に出してきて、まんまと議会を通過させました。

小沢　はい、そのとおりですね。

堀　その一方で、市民のほうも代表制や議会制に含まれているルール、手続き、制度、媒介といったものに対してあまりにも理解が薄く、直接性や即時性を求めすぎる傾向が見受けられます。こうして、間接民主主義、つまり代表を議会へ送り込む形の議会制民主主義に対する不満が、最近はとても大きくなってきています。

そして、ほかでもないその議会でも、テレビカメラばかり意識して討論を芸人的パフォーマンスの場に変えてしまうような議員が大衆人気を博すようになってきています。このぶんでは、ただでさえマスメディアの商業主義やセンセーショナリズムによって衆愚化しやすい現代の民主主義が、皮肉なことに、政治参加に積極的な市民たちが要求する直接性や即時性のせいでポピュリズム化していきかねません。危険だなあと私は思っています。どうしたものでしょう?

小沢　今日、近代国家で直接民主主義をやっているのはスイスだけでしょう。一億二〇〇〇万の人口とこれだけの国土を有する日本では、直接民主主義の政治は事実上不可能ですから、そうすると、では大統領制か、議会制民主主義かという選択になるんだと思います。多くの人が「首相公選制」と呼んでいるのは結局のところ大統領制ですからね。地方自治体の首長は現在、いわば地域の大統領のようなもので、有権者が直接選びますね。では、国家の責任者も直接選挙で選出すべきでしょうか。

大統領制も基本は民主主義です。民主主義をちゃんと身につけ、その上でトップリーダーをみんなで選ぶということがしっかりしているところは、それはそれでいいのですが、大統領制では往々、権力が大統領に集中し過ぎます。大衆人気を背景にした独裁に変質していくリスクが大きい。議会制が党派の綱引きで機能不全に陥りやすいとすれば、大統領制には独裁に近いかたちで衆愚政治に流れる危険がともなうのです。

堀 選挙が特定の権力者を祀《まつ》り上げる人民投票的な性格を持ってしまいがちですからね。

小沢 その上、日本人はどうしても情緒的にバーッと流れるでしょう。マスコミがあれがいいと流行《はや》らせれば、すぐそっちだ、こっちだとなるでしょう。それが戦前のあの大きな過《あやま》ちにつながったわけです。国民にそういう傾向がありますから、私はむしろ議会制民主主義、代議政治でいくのが賢明だと思っています。

それに、議会制民主主義では強いリーダーが出ないというのは、僕は嘘だと思いますよ。議会制民主主義の先進国であるイギリスではチャーチルも出ました。サッチャーも出ました。ブレアも出ました。イギリスの小選挙区はわずか一〇万人の有権者で一人の代議士を選ぶのです。日本では区会議員や都会議員、あるいは県会議員よりも小さい区域から選ばれると、人物が小さくなるのではないかという議論がありますが、そんな話ではないのです。やはり有権者はちゃんとわかっていて、地方選挙で地方の議員を選ぶのと、国政選挙で自分たちの国政の代表を選ぶのとを区別し、たいていは仕事柄を考慮し、その資質を見て代表を選んでいます。

さらにもう一つ、大事なことがあります。これはイギリスとも共通ですが、日本は――国の形態としては――君主制を採っています。これを重く見る必要がある。大統領制と君主制は絶対に調整できないのです。

堀　それはそうですね。大統領を置くのは共和国ですから。

小沢　はい。ですから近年、どこかの政党の党首が首相公選を主張して、天皇は元首でいいんじゃないかと言ったとか聞きましたが、そんなバカなことはないのです。主権者たる国民がダイレクトに国政の最高責任者を選んだら、それが元首です。ですから、象徴天皇制をやめるのかという話になってしまいます。天皇制については賛否あるでしょうが、今の日本で天皇制を廃止して大統領制にすれば、いろいろな混乱と抵抗を生むだけです。日本にとってプラスにならないと思います。

堀　首相公選制を言う人たちは、おそらくそこまでは考えていないでしょう。

小沢　考えていないんだと思います。

堀　昔、中曽根康弘さんとその件で議論されたことがあったかと……。

小沢　ああ、中曽根先生もね、偉い学者さんたちもね、みんな間違えているんです。中曽根先生も首相公選制がいいと言ったんですよ。首相公選制とは大統領制なんです。じゃあ天皇陛下との関係をどうするのかと尋ねたら、選ばれた大統領を天皇陛下が認証すればいいと、こう言ったんです。ナンセンスです。主権者が直接選んだ人を天皇陛下がもう一度認めるなんて、そんなことはあり得ません。

堀　たしかに。

小沢　大臣などは、主権者に直接選出されたんじゃないから、天皇陛下が国民に代わって認証するわけですよ。

堀　国民の象徴として、国民の代わりに、ですね。それは論理的だ。主権者に直接選出された人を天皇陛下が認証するとしたら、主権者の上に天皇がいることになってしまいます。

小沢　そうそう。それじゃ、国民主権が否定されてしまう。中曽根先生でさえ、そのたぐいの間違いをするんですよ。困ったものです。

●国民投票で内閣総理大臣をリコール?

堀　代議制・議院内閣制を採用し続けるとして、その場合、議員の任期を意識し、その任期の間は国民の代表となった議員たちと内閣に国の舵《かじ》取りを任せるほかはないのだ、ということになりますか。

小沢　基本的には、それ以外に方法がないですね。政府の権力が民主主義的に正統であって、かつ憲法による制限に服している場合、その権力の行使が専制的にならないようにするには、任期制によって正統性を時間的に区切る以外、方法がないでしょう。

もっとも、政府が特定秘密保護法案や、今度の安保法制案などのように、これは危険と思えるようなイニシアティブをとり始めたときには、市民がもっと積極的に街頭アピールをしていいと私は思うのですが、そういうアピールは日本ではやはり限定的ですね。

堀　国会周辺に相当数の人が集まることがありますが、ヨーロッパの大規模市民デモに比べると、ささやかな抗議集会といわざるを得ません。

いわゆるデモとか集会とか、そういう街頭アピールはヨーロッパの都市では日常茶飯で、デモクラシーの欠かせない一部分と見なされているわけですが、そういった直接行動を、小沢さんは別に悪いことだとは思わないのですね。

小沢　悪いなどとは、ぜんぜん思いませんよ。もっとあってもいいだろうと思っているくらいです。

ただ、日本人はそういうことをあまりやりたがらないから、それならば、大きな問題が持ち上がったときには信任投票をやって、一定のパーセンテージ以上の信任がなければダメとする、というのも一つの手だろうと思います。

堀　ほう、リコールする……。

小沢　リコールというか、特定の政策について、国民にイエスかノーかを尋ねるんです。あるいは、内閣への信任を問うていいかもしれません。実際、地方自治法では、住民投票で首長の信任、不信任を決することがありますね。それを国政に取り入れると、直接民主主義の良いところを一つ取り込むことになります。

堀　地方の首長さんが問題を起こしたときに住民がリコールするように、究極的には首相をも国民投票でリコールできるという、そういう制度もあり得るわけですね？

小沢　直接民主制の要素を一定の条件で導入したらいいんじゃないか、ということです。憲法も変えないといけないですけれどもね。

堀　それは面白いですね！　つまり、誰を首相にするかを国民が直接決める首相公選制ではなくて、議院内閣制で就任している総理大臣に対して、場合によっては国民が国民投票でノーを言える、拒否権を発動できる、という制度ですね。

小沢　いわば内閣不信任案に、直接民主主義の手法で決着をつけるようなものです。

●政党政治へ市民が参加するには

堀　それは民主主義の自由主義的性格を担保する代表制の中に導入できる究極の直接民主主義的要素で、出色《しゅつしょく》のアイデアかもしれないという気がします。

自由主義的民主主義とは、権力の行使をできるだけ抑制的であるべきと考え、何よりも個人の基本的人権を守る、内心の自由をはじめとする個人的自由を守る、そういうデモクラシーです。しかし、それだけではデモクラシー、すなわち「デモス」の「クラティア」、文字どおり「人民」の「統治」として不十分だという考え方があって、これは個人が市民として自主的・積極的に政治に関与する参加型の民主主義を求めます。一部市民のあいだで直接民主主義への要求が強くなってきている背景には、集団的自己決定のために参加型民主主義をやりたいという思いがあるわけです。

選挙での投票は政治参加にほかなりませんが、参加型民主主義とは、選挙だけではなくて、公共の事業をどういうふうにマネージメントしていくか、これを目指すか、あれを目指すか、どう目指すか、といったことに、市民自身がさまざまな市民組織をとおして参画するタイプの民主主義です。ただこれは、地方自治では有望でも、一億二〇〇〇万の国民を束《たば》ねる日本の国政では、実際上まず無理だと思うのです。その点、拒否権発動、リコールという、いわば「ネガティブ」なかたちでならば、国政レベルでも参加型のよさが生かせそうです。

小沢　いや、僕はそうは言い切れないと思いますね。国政レベルでも、直接民主制は無理でも、国民が「ポジティブ」に政治参加する民主主義は可能だし、有効ですよ。たとえば欧米では、国民のかなりの多くの部分が政党に入っています。

堀　ああ、それは事実です。

小沢　だから、一般市民のうちに、政党の党員が大勢いますよ。おれは共和党だ、おれは民主党だ、保守党だ、労働党だとね……。そういう中で政党の公認候補者を選ぶにも、ある程度本部のリーダーシップがあるのですが、基本的には下部組織の党員が参加して選んでいく。アメリカ大統領の候補者選出過程もそうでしょう。だから、そういう意味で、政治参加は、「間接」といわれる議会制民主主義の中でも十分できるんです。

堀　なるほど。

小沢　イギリスでもそうですよね。各支部に本部から三、四人の候補者を出して、そこで党員の前でスピーチをしたり何かしたりして、その数人の中から選ぶというかたちを取って候補者を決めている。ああいうやり方に倣えば、一般市民も大きな参加意識を持てるんじゃないですかね。

堀　そうですね、政党をとおして政治に参加するという道ですね。フランスでも、学生から公務員まで含めて、政党の党員は少しも珍しくありません。支部活動だとか、全国大会だとか、夏季ヴァカンス恒例の研修会だとか、盛んにやっています。

しかし日本では、政党の党員ですと公言したとたん、何かカルトの人間のように思われてしまうかもしれません。

小沢　特殊な人間みたいに見られる……。

堀　そう見られるところがあるんじゃないでしょうかね。特定政党の党員やサポーターになって自分の意見を旗幟鮮明《きしせんめい》に打ち出しても、客観的事実を受け容れること、多様な意見を認め、開かれた討論をすること、そういうことは十分できるのに――。自分の意見はこうだと言うのと、対立する意見を排除するのとは、まったく違いますよね。

小沢　まったく違います。そこの仕分けが日本人にはなかなかできないんですよ。残念なことに、日本人は議論をすると感情的になっちゃうでしょう。感情的になったんじゃ、民主主義は成り立たない。

僕は自民党所属だった時代に、日米交渉に二度、三度行きましたが、ものすごい議論なんですよ。一般に海外の連中は、こっちが黙っていたら、これ幸いとどこまでも押し込んできますからね。だからこっちもバンバン言わなきゃならない。まるで喧嘩《けんか》みたいにしてワンワン、ワンワン議論して、それで最後は妥協点を見つけて合意を得る。合意を得たときはお互いよく頑張ったねと言ってニコニコして、握手して別れる。

堀　敵は敵なんだけれど、敵ながらあっぱれという感嘆と敬意、警戒心を怠《おこた》らない密《ひそ》かな友情ですね。

小沢　そういう割り切り方が日本の社会ではなかなかできない。これができると、外交だけでなく、民主主義の政治一般が生き生きしてくるはずなんですがねえ。

●なぜ選挙が大事なのか

堀　日本でいまひとつ議会制民主主義が確立しないのは、人びとが選挙を大まじめに受け取らないということとパラレルかもしれません。

実は、社会にこういう言い方が流布されています。「小沢一郎は選挙至上主義だ」、「小沢一郎は選挙の名人だ」云々という言い方です。これの裏の意味は、小沢さんは政策抜きの政局の名人だという意味なんです。まるで選挙が矮小《わいしょう》な意味の政局であるかのような前提に立っているわけです。これは、小沢さんの考えと根本的に違っているでしょう。

小沢　日本のマスコミが典型的ですけれど、本当の民主主義をわかっていないんですよ。

私が選挙を大事だと言うのは、選挙が民主主義の根幹だからです。マスコミは「あいつは選挙のことばかり言う」と言いますが、僕はその感覚がわからない。だって、そうでしょう？　民主主義は主権在民ですよ。つまり国民が主権者です。その主権者がまさに主権者として意思表示をする機会が、簡単に言うと、選挙しかないのです。もちろん、さきほど話題にした街頭でのアピールとか、政党への参加とか、最近ではインターネットでの発信とかもありますが、決定的な意思表示は選挙をとおしてだけです。

堀　選挙結果こそ民主的正統性の根拠ですよね。

小沢　そうなんです。インテリ風を吹かして選挙を侮蔑《ぶべつ》するのは、主権在民とは何かがわかっていない証拠です。さきほども確認したように、日本のような規模の国では、直接民主主義による国政はあり得ません。そうである以上、普通選挙で有権者が投票して代表を選び、その代表が一定期間は自分の見識を持って政治行動をおこない、その任期が終わったらふたたび選挙をやる、という方式しかないわけです。だとすれば、民主主義社会において、主権者が代表を選ぶ選挙ほど大事なものは、ほかにありません。

しかも、議会政治は政党政治ですから、選挙のときには、たとえばイギリスでは労働党も保守党も党大会をきちんと開いて、マニフェストをつくって、政権を任せていただいたら、これこれをします、ということを必ず国民の皆さんに示して、その上で選挙戦に臨《のぞ》んでいます。選ばれた以上は、その政治家の自主的判断で行動するというのが原則ですが、その前にその政治家が選挙のときに国民に何を主張したのかというのは、絶対のことなんですよ。国民の皆さんとの契約ですから、契約違反をしてでも自由にしていいということではないと思いますよ。

堀　なるほど。だけど、小沢さん自身、新しい政党を創《つく》ったり、別の政党に移ったりするときに、選挙民あるいは後援会にいちいち相談してはいないでしょう?

小沢　そこは人と人との信頼関係です。地元の有権者や、広くは全国の支持者に信頼されているかどうかが、その種の決断のときにはカギになります。そういう意味では、選挙に強い政治家のほうが自由に行動できるのです。

堀　ふーむ、政治家が公約を守り、地元や支持者との関係を大切にするのは、地元や支持者の意向に縛《しば》られないためでもあるという逆説ですね。

小沢　そう、それにつけて僕がいつも付け加える話があります。二〇年ぐらい前でしたか、イギリスへ行って外務大臣と月曜日に会ったんです。そうしたら、その大臣が自分は「今朝《けさ》、選挙区から帰ってきた」と言うのです。中近東を歴訪して、週末の金曜日に帰って、その晩に選挙区へ行って、土曜日、日曜日一所懸命、戸別訪問とティーパーティをやって、それからロンドンに帰ってきて、今朝あなたと会っています、と言うんですよ。

キャビネットの一員でありながら、やはり選挙区に帰って有権者の人たちと一言でも二言でも言葉を交わす。そういう人間関係の中に選挙民と政治家の信頼関係ができてくるわけで、「いやあ、大変ですね。大臣になってもそうですか」と言ったら、「それは仕方がありません。民主主義のコストです」と言っていました。そこにやっぱり、民主主義の原点があるんじゃないでしょうか。

こういうわけで、選挙は小手先のテクニックではないのですから、有権者の方々にも注文をつけたいですね。さきほど市民の直接的な政治参加の話をしましたが、純然たる直接民主制が現実的でない以上、国民は間接民主制をよく理解して、選挙のときにもう少ししっかり自分で考えるべきだと思います。そして、ベストの選択なんてこの世の中にないんですから、きっぱりと、ベターの選択をしてほしい。あっちよりもこっちのほうがまだマシだと、そう思えるところに投票してほしいのです。

堀 私も、芸術では最高を求めよう、政治ではマシなほうを選ぼう、というのが持論です。

●小選挙区制と政権交代

堀　現在、衆院選は比例代表並立制ですけれども、この制度の核心は小選挙区だといえますね。これの設置にあたって、特に小沢さんの力が大きかったことは周知です。ところが最近では、小選挙区制では総選挙の結果の振れ幅が得票数の差に比べて極端だというので、小選挙区制を嫌う声が一般市民や言論人のあいだで非常に大きくなってきています。

小沢　僕は少なくとも日本の現状では、その議論は大間違いだと思います。中選挙区、大選挙区にしたら、いったん権力を持った政党がずーっと政権を握り続けますよ。

現実に半世紀、自民党の天下が続いたでしょう。二〇〇九年の夏に先立つ時期には、事実上の一党支配からいろいろな問題が噴き出してきて、国民の皆さんのうちに、やっぱり政権を取り替えなきゃという気運が高まってきていたわけですが、それでもあのとき、あらかじめ小選挙区制が用意されていなかったら、政権交代は起こせなかったですよ。

なるほど小選挙区制の選挙では、いわゆる死票《しにひょう》が多く出ます。なにしろ、たとえ五一％対四九％という結果でも、五一％取った候補を当選、四九％のほうを落選とする方式なのですから。しかし、そのことも覚悟の上で、きっぱりと多数決原理に拠る小選挙区制を採用してこそ、政権選択選挙ができ、政権交代というダイナミズムを生み出すことができるのです。

堀　それほどまでに、小沢さんの考えでは政権交代の可能性が重要なのですか。

小沢　重要なんです。

なぜかというと、まず第一に、単独で競争のないところには進歩がないからです。何があってもずっと同じ政権だとしたら、その政権は必ず腐敗し、その国の政治は必ず沈滞します。与党がおかしなことをやったら野党に取って代わられるという緊張感こそが、いい政治を生むのです。政権交代のない社会は、民主主義から隔絶している独裁国家か、さもなくば発展途上国です。

第二に、日本流のコンセンサス社会を背景に事実上の一党支配が続き、それを覆《くつがえ》す可能性がふさがれると、みんなが既成の社会秩序に迎合し、ぶら下がり、無気力になっていくからです。一応、あてがいぶちをもらえればいいというような依存気分が蔓延《まんえん》し、社会から自己刷新力が失われてしまいます。

そして第三に、政権交代の絶望的なそういう社会こそまさに、うやむやのうちに、何とはなしに、成り行きで、取り返しのつかない方向へ逸脱していきかねない、危なっかしい社会であろうと思われるからです。

堀　うーむ、そうすると、日本の民主主義にとって、いや、日本と日本人にとって、現状は深刻です。政界では目下、自民・公明の与党が圧倒的優位です。しかも野党陣営に、何かと与党にすり寄りたがる連中や、五五年体制のときの社会党みたいに万年野党でメシを食っていこうとしている連中がけっして少なくないように見えます。このまま、事実上の一党独裁のような、大政翼賛会のようなことにもなりかねないのではないですか。

小沢　いや、そんなことはないです。なるほど一部の野党議員のふがいなさはご指摘のとおりですが、だからといって悲観するには及ばない。

堀　小選挙区制度を利して頑張ればいいっていうことですか。しかし、多勢に無勢ですよ。

小沢　いや、少なくたっていいんです。きちっとした人がいさえすれば、三〇人だろうが四〇人だろうが、いいんです。そこが小選挙区制のいいところなんです。この現状ではいけないと反発する人がそれぞれ志を持って選挙区に立ってくれれば、絶対勝ちます。

要は、規模は小さくてもいいから、まずはしっかりした受け皿をつくることがいちばん大事。重要な政治課題について定見がなく、結論も出せないような政党ではだめです。国民は選びようがない。それじゃあ、仕方がない、やっぱり自民党かな、あるいは棄権かな、と、こうなっちゃう。ですから、きちっとした理念、きちっとした政策、主張を持った、小さくてもピリッとした、山椒《さんしょう》は小粒でもピリリと辛《から》い、そんな受け皿の集団があれば、僕はいいと思っている。

議会制民主主義の確立と安定までの道は長いのです。二〇〇九年の政権交代で一回失敗したからって、それだけで政権交代自体を諦めるなら、日本人はせっかち過ぎます。失敗は成功の元なんだから、自民党がだめだとわかれば、また替えてみればいい。それでもだめなら、懲《こ》りずにまた替えればいい。そういうのが政権交代のある本物の民主主義です。政治というのは、いろいろと紆余《うよ》曲折《きょくせつ》をともなうし、ギクシャクするのは当たり前なんです。

●真っ当な対立の構図を

堀　小沢さんにとって、民主主義に欠かせないのは必ずしも二大政党制ではなく、政権交代の可能性なのですね。

政権交代を見事にやってきた国は世界でもそう多くない。基本的にはアメリカ、イギリスなどのアングロサクソンです。加えてフランスも、一九五八年から始まった第五共和制の下で成熟しました。

ちなみにフランスは、ほとんどすべての選挙で二回投票制を採用しています。一回目は有権者がそれぞれ意中の政党を選び、二週間後の決選投票ではマシだと思う政党に投票する、というシステムです。これでもって、国内の多様な意見を反映する多党制と、政権交代を機能させる二大政党制の両方の長所を生かすわけです。極右から極左まで百家争鳴《ひゃっかそうめい》のあの国にマッチしているシステムですが、政党間の力関係が「一強多弱」になりがちな日本でも採用すれば、よき政界再編の装置になるのではないでしょうか。

ともあれ、典型は何といってもイギリスでしょう。イギリスの議会政治も最近は危機だと言われてはいますが、それでも、政権交代を支える制度的なものが非常に永続的で安定していますね。そこが、フランスの近代史と比べた場合の大きな違いで、土台の仕組み、ルールが安定していて、ずーっと長く続いている。政体の枠組みが揺るぎないがゆえに、かえって大きな政権交代が起こり得るのだろうと思います。

それを参考にすると、日本でも小選挙区制で、いまはまだまだドタバタしているかもしれないが、この七転八倒を経てだんだんといい形での政権交代が何年かごとに起こるということになるかもしれませんね。ただ、そのための条件として、安倍自民党のように憲法の基本原理まで変えてしまうのはダメだと思います。むしろ基本原理を共有した上で、二、三の大政党が競い合って、国民が毎回、比較的マシだと思える党を選ぶという、そういう仕組みにもっていくことが条件じゃないでしょうか。

小沢　それが常識的な条件でしょうね。言い換えれば、結局は民主主義の原則ですよ。安倍さん個人がどう思っているかはともかく、安倍さんを総裁とする自民党の憲法草案は、九条を変えて国防軍を用意するばかりか、基本的人権の尊重を強調した九七条をあっさり削除すると言っているのですね（第Ⅱ章参照）。それじゃ民主主義を否定する話になっちゃいますから、それはちょっとないでしょう。

堀　ないです。普遍的人権は民主主義の究極の価値ですからね。

小沢　そうそう。だからそこだけは共有しないといけない。そのとおりだと思いますね。

堀　こうしていろいろすったもんだするけれども、しかし小沢さんとしては、あまりせっかちにならず、歴史を長い目で冷静に見て、かつ果敢に闘っていくということですね。

その場合の話ですが、闘いには必ず相手が必要だということを認めるべきではないでしょうか。というのも、政党はパーティ（ＰＡＲＴＹ）、つまり文字どおり「部分」であってけっして全体じゃないからです。小沢さんの党であれ、どの党であれ、あれほど巨大な自民党であれ、全体ではない。必ずゲームの相手として他党が存在しているのだという感覚、政党政治はその中での真剣なゲームなんだという感覚、こういう文明の感覚も、生き生きとした議会制民主主義のために必要なんじゃないでしょうか。

小沢　そのとおりです。そういう理屈での割り切りができないといけません。どの党に所属しても、議会制民主主義で目指すべきは一党支配ではないのです。だからこそ私は、二〇〇九年に民主党が政権を取ったとき、幹事長として、国会での内閣に対する質問時間はおおむね全部、野党に譲れとまで言ったのです。

実際ね、僕は自民党的な政党はあっていいし、必要だと思っているんですよ。元来の自民党とは何かというと、日本的なコンセンサス社会の哲学を背景に持った、ある意味で閉鎖的な政党です。それはそれで日本人の特質と伝統を背景にして、存在意義があると思います。だけどこういうふうに世界がグローバル化し、国内社会もだんだんと個人中心になってくると、日本固有の慣習的なやり方、昔からの日本人集団の体質で固まっていたのでは立ち行かないですからね、伝統的なという意味で日本的要素の濃い政権と、もっとオープンな政権とが競合し、交代するというふうでよいと思うんです。
だから細川《ほそかわ》（護熙《もりひろ》）政権であれ、民主党政権であれ、もう少し続けばよかった。そうすれば、自民党が一度崩壊した上で再生するだろう、旧来的な保守党、自民党が新しく生まれ変わってカムバックしてくるだろうと、二〇〇九年の時点で私は思い描いていたんです。そうすると、今度は与党のほうも、新たな脱皮をせざるを得なくなるだろうとね。

堀　いわば、真っ当な保守党と真っ当な進歩党というわけですね。いつかそういう対立の構図で、われわれの国に健全な議会制民主主義が定着することを願いたいものです。

Ⅳ

世界の中の日本を考える

知られざる草の根国際交流活動

小沢一郎氏が国会議員としての公式の活動と並行して、一九九〇年代の初めから継続的に草の根国際交流活動に尽力してきていることは、意外に知られていないようです。

最もよく知られているのは、氏が、いまでは公益財団法人として日米間で参加人数の多い活動を展開している「ジョン万次郎ホイットフィールド記念国際草の根交流センター」（公式ウェブサイトは、http://www.manjiro.or.jp/jpn/index.html）の会長であるということでしょう。前身の「ジョン万次郎の会」の設立は一九九〇年に遡るそうですが、当時、小沢氏は若き自民党幹事長。冷戦終結直後で、日本にとって厳しくなるであろう国際情勢を睨《にら》んでジョン万次郎のプロフィールに関心を抱き、自ら進んで会長に就任したそうです（注）。

日中交流の活動としては、二〇〇九年一二月に大訪中団を組織したというので「長城計画」が話題になりましたが、これは小沢氏が自民党時代の一九八六年から、中華全国青年連合会、日中中国青少年交流協会をパートナーとして随時取り組んできたものです。

それとは別に、「日中至誠基金」があります。一九九二年、当時の中華全国青年連合会主席との会談後に小沢氏が私財を投じて創設した基金です。九六年には小沢・江沢民《こうたくみん》会談により、これに法人理事を迎えて「日中至誠基金」と改称。以後、永年事業として毎春一週間から一〇日間、中国から学生代表団（北京大学、精華大学等から二七名前後、うち教員二、三名）を日本に招聘《しょうへい》し、企業見学、日本人学生との討論会などを組織しています。小沢氏の事務所が独自に続けている地味な活動ですが、そのドキュメントに接すると、コンスタントで充実している様子が窺《うかが》えます。

アメリカ人をパートナーとして、小沢氏は「日米国際交流二一世紀ドリームプロジェクト」も手がけています。二〇〇〇年一一月、氏が米国シカゴ市で、比較的貧困な階層の子どもたちが通う公立小中学校を訪れた際に、日本文化学習に熱心だった子どもたちにいたく感銘し、実際に日本文化に触れてもらうことを目的に日本への招待を約束したのだそうです。以来、米国同時多発テロの影響を受けた三年間を除いて毎年実施し、すでに一〇〇名以上のアメリカ人小中学生がこのプロジェクトで訪日したそうです。近年は高校生対象版も始まっています。

小沢氏自身から聞いた話では、こうした活動実績が中国ではトップの指導者にまで情報として行き渡り、しかもそれが引き継がれているとのことです。一方、アメリカの政府当局者は、特に小沢氏を訪ねてくる人でさえ、そうした情報は持っていないそうです。

（堀茂樹）

注　ジョン万次郎の本名は中濱萬次郎（一八二七年～九八年）。土佐の漁民の子で一四歳のときに漂流し、捕鯨船の船長に救われて渡米し、西洋の文物や価値を学んだ。のちに日米和親条約の締結に尽力したほか、通訳・教師として活躍し、明治維新期の多くの指導者に影響を与えた。参考文献として小沢一郎が監修執筆した『ジョン万次郎とその時代』（川澄哲夫編著、阿川尚之特別寄稿、廣済堂出版、二〇〇一年）を挙げておく

●現代は地政学的・文明史的な転換期にある

堀　若い頃にフランスで年月を過ごし、あの国の政治情景や、パリというヨーロッパの街を視点にしたときの世界の姿を、ぼんやりとですけれども眺《なが》めていたことがあります。その私から言うと、日本の政治家の方々は一般に構えが少しせせこましいというか、ミクロの話が多くて、マクロの展望に欠けています。よく言えば大風呂敷《おおぶろしき》を拡げないから謙虚なのですが、とにかく意見や主張を述べられるときに、世界全体を時間的・空間的に俯瞰《ふかん》するような話がぜんぜん入らない。「世界の中の日本」を意識した、大局観のある認識が開陳されないのです。その辺《あた》り、私が西欧かぶれなのかもしれませんけれど、いつも食い足りなさを感じています。

ところが、小沢さんだけはちょっと違う。長いスパンで歴史を顧《かえり》みつつ、広い視野で世界全体を睨《にら》みつつ政論をおこなっておられる気配が濃い。異色だなぁ、という印象を受けています。そこで、まず伺いますが、小沢さんは二十一世紀の初めの現時点で、人類の趨勢《すうせい》を全体としてどんなふうに捉えていますか。

小沢　いまの時代というのは、経済的にも政治的にも、それから人口の推移や軍事力のバランスなども引っくるめた地政学的観点から見ても、パックスアメリカーナ、第一次世界大戦からちょうど一〇〇年続いたアメリカ中心の世界秩序から、世界の重心がだんだんアジアに移りつつあると言われていますね。僕もそれは否定しがたい推移だと見ています。

人類の歴史を長く見てみますと、ずっとアジアといいますか、古代のメソポタミアやエジプトや中国から始まって、欧米以外の地域に世界の中心があったわけです。それが長い間続いたあと、十八世紀の半ばから十九世紀にかけて、まずイギリスで産業革命が起き、フランスをはじめ欧州大陸の各国でもそれが起き、以降、経済力と、したがって政治的な力も、ヨーロッパに移りました。しかし、そこへアメリカの一〇〇年を足してみても、欧米の圧倒的優位はせいぜいここ三〇〇年余りです。ですから、また元に戻ってきたといえば戻ってきたのですが、力のバランスがいまや間違いなくアジアの方へ傾いて来つつあると思います。

そして、文明史的に見てもですね、今は大きな転換期なのではないかという感じがしています。堀さんとこの点は意見が違うかもしれませんが、僕は、欧米のキリスト教的哲学を背景にした文明というのはかなり限界に近づいていると思っているんです。欧米の考え方はおおむね、極端に言えば、人間が最高の存在であり、その他は人間の幸せのためにある、みたいな考え方ですよね。

堀　キリスト教起源、そしてデカルト[*27]以来のヒューマニズム、人間中心主義……。

小沢　それが中心でしょう。何でも活用する、利用する、だから必ず人間が主体で、人間以外が客体で、主体が客体を対象として征服する、コントロールするという発想につながるんですよね。それに対して東洋の哲学では、仏教哲学ですけれども、人間の存在を自然の中の一つと捉えています。だから、自然を征服しようなんていう気はそもそも東洋思想にはないですよ。

堀　はい、その意味で、東洋の世界観はより謙虚だとは言えますね。それはそのとおりなんですが、しかしその辺りの議論になると、いろいろとコメントしなきゃならないことが多いです。

まず、西洋でも古代には東洋思想的な自然観が圧倒的に共有されていたのです。次に、キリスト教起源の西洋近代の価値観が人間だけを特権化するものであることは確かですが、本当の問題は、人間存在のどういう次元を尊厳の在処《ありか》とするかだと思います。しかも、その価値観はとりもなおさず人権概念、啓蒙《けいもう》思想、民主主義の基礎でもあります。さらに、西洋思想はさまざまな過剰さや逸脱にもかかわらず自己省察と無縁でなく、自らに対しても批判精神を働かせています。というわけで、西洋近代批判がいけないというのではないのですが、それをやる際には、汚れたお風呂のお湯を流すのといっしょに大事な赤ちゃんを流してしまうような愚を避けなければならないと、私はつねに思っています。

小沢　西洋の哲学でそういう反省がおこなわれているのですか。

堀　はい、二十世紀以降はそちらのほうが主流だとさえ言えますよ。そして、それがまた日本の思想界に影響を与えてきたんです。私はというと、実はその影響の結果に対して批判的なんですけれども……。ともあれ、西洋近代を一辺倒に肯定・礼讃する時代の終焉《しゅうえん》、そして東洋思想の再評価という意味でなら、文明史的な転換期に来ているという見方に私も賛成です。

●極東の危うさと日本の幼さ

小沢　では地政学の観点に戻りますが、現在は、世界の重心がアジアに移ってきていること

＊27　十七世紀前半のフランスの哲学者。主著は『方法序説』『省察』など

とは間違いないが、同時にそのアジアがまだ安定していないという、非常に微妙な時期だと思います。

世界秩序の変動の中で、パキスタンやアフガニスタン、そして中近東のイラクやシリアあたりも混乱していますけれども、それ以上に、実は日本の位置する極東、東アジア、ここでは中国、朝鮮半島、ロシアも国境を接しているわけで、やはりここに不安定要因が集中しているように見えます。

堀　急速に発展してきただけに……。

小沢　はい。しかも各国の政治形態がばらばらだし、人口の規模、国土の大きさがものすごくアンバランスです。文化はある意味で共通なところもありますが、それでもかなり異なっている。似た者同士が微妙に食い違うと衝突しやすいということもある。それから、歴史がずれていると言いますかね、それぞれの国における近代社会の形成の程度、そして経済的発展の度合いが大きく違っているのですね。

堀　日本・韓国・中国を待ち受ける極端な少子高齢化の影響も心配です。

小沢　そうですね。さまざまな面から見て、極東は不安定です。しかも近年、アメリカ自体のパワーが相対的に衰退したこともあって、この地域の本来の大国である中国の存在感が突出してきました。

そして、世界は流動化しています。二〇〇八年にリーマンショックが起きましたが、最近はユーロがにっちもさっちも行かない状態になってきている。あの通貨はとてもこのままでは収まりませんよ。そうすると世界経済がおかしくなります。

それにもまして、中国の状況が不安だらけです。バブル崩壊の兆候がだんだんはっきりと見えてきていますからね。あの巨大な国でバブルが破裂したら、世界に与える経済的影響が大きいだけでなく、ただちに政情不安が拡大し、収拾困難となるでしょう。ただでさえ政治的に不安定な極東アジアが経済から崩れて、騒乱というか、動乱にもなりかねません。非常に心配です。

堀　そうした状況に対処するため、あるいはそうした状況を口実にして、安倍政権は軍事面の強化に前のめりです。[*28]

小沢　もとより安全保障面の備えも大事です。しかし、原理原則の議論をごまかし、既成

＊28　安倍内閣は二〇一五年四月二七日に新たな日米防衛協力のための指針（ガイドライン）を定め、同年五月一五日、関連一〇法案を一括した「安全保障法制」を国会に提出した

事実をつくって憲法の規定をなし崩しにしていくような姑息《こそく》なやり方は、国家の舵取りとして最悪です。それでは、一本筋の通った、国際社会から信頼される外交を展開できるわけがありません。そんなことだから、最近は何かにつけて、わが国の意向は海外で軽視されています。もしこじらせると大きな紛争に発展するかもしれないような火種が多い中で、日本外交がまだ大人になっていません。幼いんです。

なぜ幼いかというと、一つには、日本が第二次世界大戦後ずっと、アメリカの傘の下に収まり、アメリカが陰《かげ》に陽《ひ》に指示してくるとおりにしていれば政治的な負担はしなくて済むし、軍事的負担は少なくて済むし、経済的なメリットは分けてもらえるという関係でやってきて、それがクセになってしまっているんです。

堀 ビッグブラザーに甘えて、あるいは遠慮して、結局、独自の国際関係を築いてこなかったですからね。

小沢 より長期的には、日本の国家と国民の形成の歴史が影響していると思います。日本では古来、支配層の間の覇権《はけん》争いはもちろんありましたけれど、全体としてはおおむね平穏だったようです。大陸では、ちょっと油断すれば集団殺戮《さつりく》でしょう。ところが日本ではそういうことにならずに、弥生《やよい》時代からこっち、大陸や朝鮮半島から人がいっぱい渡ってきていた。これは立証されているわけです。ふつうなら外国の人や物が入ってきたら血みどろの戦いになるのに、そうならずに仲良く暮らしていたというのですから驚きます。自然の恵みがあり、たまたま海に囲まれた列島ということで、珍しいほど穏和でゆるやかな共同体をつくってきていたと思います。

堀　温室育ちということでしょうかね。

小沢　そうですね、いわば保育器の中で育てられたみたいなもので、外の風にあたっていなかった。それで幕末、黒船が来ると、日本人は、「泰平の眠りをさます上喜撰《じょうきせん》たった四杯で夜も眠れず[*29]」という具合になってしまいました。そして、不平等条約に甘んじ、アメリカの意向どおりになってしまった。いや、それではダメだということで、志士たちが明治維新を起こし、自立した国家を目指して頑張ったのですが、またいつの間にかおかしくなり、昭和の戦争、敗戦ということになった……。

これは前にも少しお話ししましたが（第Ⅰ章参照）、大正末期から戦前の昭和、そして

＊29　宇治緑茶の銘柄「上喜撰」を四杯も飲むと夜眠れなくなるという表向きの意味の裏で、米国の黒船四隻の来訪で国内が慌てふためいているさまを揶揄した狂歌

戦争、敗戦という流れは、結局、日本が中国ともアメリカとも意思疎通ができないままに、独《ひと》りよがりでヒステリーを起こして戦争に突入してしまったプロセスだったのです。あれを繰り返してはいけません。ただその場その場でカメレオンよろしく周りの状況に迎合していけばよいというような考え方を捨て、しっかりと自立した国際協調の方針を持つべきです。

●なぜ右も左も国是を語るときに「国際協調」を重視しないのか

堀　国際協調といえば、「憲法の話をしよう」と題した対談（第Ⅱ章参照）の折にも注目したことなのですが、小沢さんは、日本国憲法の基本原理としてつねに、国民主権、基本的人権の尊重、平和主義、そして国際協調の四つに言及されますね。

小沢　はい。

堀　ところが、私がいろいろ見てみたところ、他の人はたいてい、国民主権、基本的人権の尊重、平和主義の三つを挙げて三大原理と言っているんです。憲法学の定番ともいえる故芦部信喜《あしべのぶよし》東京大学教授の教科書『憲法』（岩波書店、一九九三年初版、高橋和之《たかはしかずゆき》補訂の第五版は二〇一一年刊）もそうなっているので、その影響が大きいのかもしれませんが、小沢さんの四大原理と比べて、明示されないのは国際協調です。もちろん、芦部先生をはじめ、ほかの論者も現行憲法の国際協調主義を認めてはいるのですが、小沢さんのように原理の一つとして取り出して明示するところまでは行っていないのです。これは自民党から社民党まで、右の人も左の人もそうなんです。

小沢　ああ、そうですかね。

堀　はい。ですから明らかに、小沢さんの憲法観と、その憲法観に反映される国家ビジョンの特徴の一つは国際協調の重視だと思います。では、なぜ他の政治家は、憲法のような国是の基本を語るときにも国際協調をあまり強調しないのでしょうか。

小沢　それはやはり、左の人には左の人なりに、どんな場合でも力による平和の回復・維持はだめだという考え、たとえ目的が平和でも、軍事的な手段はいっさい認めないという信念があるのでしょう。一方、右の人はというと、国連による安全保障なんかあてにならないから、普遍主義的な国際協調は口先の建前だけにして、アメリカの軍事力を頼りにしよう、そして最後は自前の武力にものを言わせるのだという思いなのでしょう。

しかし私は、日本国憲法から国際協調の理念を取り外したらば、憲法としての論理というか、構成が破綻すると思いますよ。いくら平和の原理といっても、国際協調ということが同時になければ、絵に描いた餅です。日本国憲法は、けっして一国平和主義ではないし、また、十九世紀から二十世紀初頭まで世界の主流だった武装独立論でもありません。
しかも、現実問題として日本は、世界が全体として平和でなければ生きていけない国です。海に囲まれ、大した資源はなく、貿易国家なんですから。とすれば、日本の国是は間違いなく国際協調です。そういう意味で私は、これを排除すれば、日本の存立そのものを否定することになりかねないと思います。国際協調はそのまま日本国憲法の基本理念であると同時に、日本が生きていくための基本要件です。

●自立と共生、多様性と普遍性

堀　その基本は「自立と共生」という、かねてよりの小沢さんの理念ともリンクしますね。

小沢　はい。「自立と共生」というのは、僕が前々から主張してきた理念ですが、その自立と、さっき言った武装独立とはぜんぜん違う話ですからね。自立とはまず、自分の目でものを見て、自分の頭でしっかり考え、自分自身で判断し、自分自身の責任で行動するという人間のあり方のことです。そういった自立した個人は、お互いに他人の自立も尊重して、みんなと共に生きる、つまり共生をしなければいけない。自分だけでは利己主義になっちゃいますからね。

そういった自立した個人が国民として集まっているのが自立国家です。そういう自立国家同士が、他国の自立を対等のものとして尊重し、お互いに主権国家であり、その点で対等なのだという意識の中で、他国と交流しながら平和共存するのが世界全体の共生です。

ですから、自立ということと、国際協調を推進する世界連邦的な考え方というのは、絶対矛盾しないと思っているんですよ。それぞれの国民、それぞれの民族が、それぞれの長い、長い歴史を経て、それぞれに異なる環境で育ってくるんです。当然、それぞれの国民、それぞれの国民国家の形成過程で現われてくる自立した人間は、同じタイプではない。さまざまな性格・特徴を持っています。それでよいじゃないですか。

堀　それは人それぞれ、国それぞれの多様性の面ですね。

小沢　多様性の面です。宗教であれ、風習であれ、哲学であれ、精神性であれ、お互いの自立の名において多様なあり方を尊重し合うというところに民主主義があり、共生の理論も出てくる。ですから、世界連邦的国際協調は、個人の自立、国家の自立ということとまったく矛盾しない。

堀 むしろ一致する。

小沢 一致する考え方だと思います。ですから、ある一国に属するれっきとした市民こそが真の世界市民であるとも、しばしば言われますね。

堀 はい。

小沢 それこそ、ある国民集団のメンバーであることと、世界市民であることが、ぜんぜん矛盾しないということの表現じゃないでしょうかね。

堀 思想的にも、小沢さんのその考え方は実に面白い。やや抽象的に言うと、同一性と差異、普遍と特殊、普遍性と多様性の関係が、一見そう見えるような単純な対立・背反《はいはん》の関係ではないということを含意《がんい》していると思います。普遍性と多様性は排除し合うどころか、むしろ支え合う関係にある。多様性を多様性として生かすのは、ほかでもない普遍性です。そして、他者と出会う普遍の地平へ向かうについては、多様なアプローチがある。だから、各国が自立してそれぞれの歴史を引き受け、それぞれの文脈をとおして世界レベルの共生に参加すればよい、といったビジョンですよね。それは本当に興味深いと思います。

小沢　普遍性を主張する何か特定のもので端から端まで全部を一つにまとめようとすると、圧倒的な支配力によって強引にまとめる以外ないですから、それはできっこないですよね。

堀　その種の統一は、普遍化ではなく画一化、「普遍化」を騙《かた》る画一化ですね。言葉の本来の意味における暴力だと思います。画一性は普遍性と違って、多様性を殺してしまいますから。そして、こと人間に関しては、そんな画一化が最終的に勝利するのは、ジョージ・オーウェルの『一九八四年』に代表されるようなディストピア小説の中でだけでしょう。実際には、必ず分厚い現実の多様性に阻《はば》まれ、結局破綻する無謀な企《くわだ》てだと思います。

　でも、そうおっしゃるところから推測すると、小沢さんは、国連中心主義でありながら、国境の壁を越えて地球全体を包括する世界政府、世界国家を目指そうということとは違うわけですか。

小沢　いや、理想としては、最終的には、僕はそういう形がいいと思いますね。まあ、もちろんそれは、とても遠い、遠い、ずっと先の話ですけれど。

堀　なるほど。前のめりにその実現を目指すのではなく、無限に遠い地平線の彼方にそれを想定するのですね。いわば北極星のように、現在の世界をよりよく生きるための指針を与えてくれる理念として――。イマヌエル・カントの名著『永遠平和のために』とインスピレーションを共にしていると言えそうです。

●日本の主導で国連を改良する

小沢　一方、平和を目的とする現実の国際協調を代表する機構は国連です。
　ところが、いわゆる非武装中立平和主義の人も、日本独自に軍備を強化して独立を勝ち取るんだという武装独立論の人も、国連がさっぱり機能しないじゃないか、あんなものをあてにしてはダメだと言うのです。
堀　多いですねえ、そういうふうに言う人が。
小沢　だけど、国連が頼りにならないから国連を見捨てるという論理は、僕はおかしいと思うんですね。世界のほとんどの国が参加している超国家的組織は、今のところ国連だけなのです。頼りないなら、日本が積極的に役割を果たして、頼り甲斐《がい》のある、あるいはきちっと機能を発揮できる国連を創《つく》るために日本が先頭に立つべきだと思う。

堀　小沢さんが国連中心主義だということは、世間でもある程度知られています。で、このことで知り合いと議論しますと、ほとんど判で押したように、「いや、しかし国連は敵国条項で日本をいまなお敵視しているではないか。これについてはどう思うんだ。おまえ、小沢さんと話す機会があるのなら訊《たず》ねてみろ」と言われます。その点はいかがですか。

小沢　それは改正すべきだと思いますよ。敵国条項は、いまや実質的な意味を失ったと言われているものの、未だに削除されていないのは事実です。ですから日本は引き続き、敵国条項の削除を強く主張すればいいんです。

国連憲章には、ほかにもおかしな点がありますよ。平和維持に関して、安全保障理事会の常任理事国だけがすべての権限を持っているのもおかしい。常任理事国が一国でも拒否権を使えば何もできない。アメリカも、旧ソ連も、何度拒否権を使ったことか。だから僕は、安保理事会もしくは国連総会で決定したものを国連の意思とする、という意味の条項を国連憲章に入れるべきだと思うんです。どういう条件を満たせば国連総会の決定と認めるのかということが当然議論されなければなりませんが、加盟国があれだけ多数で、かつ多様ですから、必ずバランスが働き、極端に一方的なことが決まってしまうリスクはまずないと思います。

いずれにせよ、国連について、敵国条項があるからダメだ、常任理事国になれないのだからダメだ、なんて言っていたら、それこそダメなんですよ。それだったら、皆の意見をまとめて国連憲章を変えようじゃないかと、なんで日本は言わないんですか。

堀　人はよく、「国連、国連と言うが、国連は大国に動かされているから大国のエゴの反映だ」と吐き捨てるのですが、その種の不平不満ばかり言っているのではいつまで経っても大国のエゴを乗り越えることができないので、小沢さんとしては、日本が勇気をもって先頭に立ち、率先して動くことによって国連を改良せよと……。

小沢　金だけは出しているんですよ、日本は。国連通常予算の分担率が日本は一〇％強ですから、アメリカの二〇％強に次いで世界第二位です。この分担金を滞納する国も多くて、中でもアメリカの滞納額が莫大なんですが、日本は滞納もしません。それなのに、国連改革になかなかリーダーシップを発揮できないでいるんです。それはなぜかというと……。

堀　なぜですか。

小沢　最終的には、やっぱり国連憲章四一条、四二条の問題ですよ。紛争解決のときに国連がいわば警察軍を派遣し、その鎮圧、秩序維持にあたることができる、陸海空三軍の戦力を使えると明言しています。そこに参加することを日本が嫌がっているからですよ。危ないこと、汚いことは嫌だというのでは、他国はついて来ません。

堀　国際連合憲章の四一条、四二条は、第七章「平和に対する脅威、平和の破壊及び侵略行為に関する行動」の中に位置づけられています。平和を脅《おびや》かしたり、侵《おか》したりする勢力に対して、国連安保理がどのような措置をとれるかを規定しています。四一条は非軍事的措置で、これは経済封鎖などのことですね。それで足らなければ四二条の軍事的措置を講じるという二段構えになっており、条文は「憲法の話をしよう」（本書第Ⅱ章）の折りに引用したとおりです。

ご指摘は、日本がこの四二条への貢献をためらうのはおかしいということですね。

小沢　そうです。国内のことから類推して考えてください。警察官は自衛のために、自分の正当防衛のために武装して武力行使をするんですか。そうではないでしょう。彼らは社会的に治安を維持する責任者として国民から武装を認められ、必要なときには銃を使うことも認められている。それと個人の正当防衛とはまったく違う性質の行為である。これは国家と国家の関係に当てはめても同じです。国連はお巡りさんの役割を担《にな》おうとしているわけです。わけです。アメリカ一国が世界の警察官を自認するよりも、法的観点から見て遥《はる》かに正当なことじゃないですか。

国連憲章四二条による武力行使は、憲法九条にいう「国権の発動」とは別次元の話です。ですから、平和の維持が目的で、国際法的にも叶《かな》った任務に日本が積極的に貢献するのは当たり前のことだと私は思っているんです。

付け加えておきますが、日本は、加盟申請のときも、加盟受託のときも、「その有するすべての手段をもって」国連加盟国としての義務を果たすと約束したのですよ。

堀　たしかに、一九五二年に当時の岡崎勝男《おかざきかつお》外務大臣が国連事務総長に提出した加盟申請書は、「日本国民は、国際連合の事業に参加し且つ憲章の目的及び原則をみずからの行動の指針とすることを熱望しています」、よって「日本国政府は（……）国際連合の加盟国としての義務を、その有するすべての手段をもつて、履行《りこう》することを約束するものであります」と述べていました。[*30] そして、ついに加盟の認められた一九五六年の暮れ、かの重光《しげみつ》葵《まもる》が外務大臣として国連総会で演説し、日本国憲法前文の第二および第三段落に続けて申請時のその誓約を引用した上で、「日本は、この厳粛なる誓約を、加盟国の一員となつた今日、再び確認するものであります」[*32]と明言しました。

●なぜ「集団安全保障」の旗を振るべきなのか

小沢　ですから日本は、本気で国連中心の集団安全保障の旗を振るべきなんです。率直

＊30　「日本の国連加盟申請書」、東京大学東洋文化研究所データベース『世界と日本』より
http://www.ioc.u-tokyo.ac.jp/~worldjpn/documents/texts/docs/19520616.O1J.html

＊31　この文言中の「〔日本国政府〕の有するすべての手段」に関して、日本国憲法第九条第二項が「陸海空軍その他の戦力は、これを保持しない」と宣言しているのだから「戦力」はそこに含まれていない、したがって日本は武力貢献を当初から除外している、とする説は肯定しがたい。なぜなら、同第二項は「前項の目的を達するため」という言葉で第一項に従属しているので、「保持しない」のは、「国際紛争を解決する手段として」行使される武力であって、国連平和維持軍（ＰＫＦ）の武力は、それとは異なると考えられるからである。

＊32　「国際連合第十一総会における重光外務大臣の演説」、外務省ホームページ
http://www.mofa.go.jp/mofaj/press/enzetsu/18/esm_1218.html

に、真正面から、すべての国が力を合わせなければだめだと言ってね。一度、ガリ事務総長[*33]のときに、国連で、突然の紛争に対して緊急展開のできる平和執行部隊、つまり国連軍を持とうとしたことがありました。イギリスが賛成し、アメリカにも、単独ではとても世界の警察官役を担いきれないから賛成しようかという気運が生まれたのですが、途中で頓《とん》挫《ざ》してしまった。ああいうときにこそ、日本が積極的にやらなくちゃいかん。

堀　小沢さんは民主党所属時代の二〇〇四年三月、同党最左派と目されていた横路孝弘《よこみちたかひろ》さんと安全保障問題で合意し、世間をあっと言わせたことがありましたね。あのときの合意のエッセンスが、「国連の平和活動への参加を円滑に実施するために、専守防衛の自衛隊とは別に、国際協力を専《もっぱ》らとする常設の組織として『国連待機部隊（仮称）』を創設する[*34]」という方針でした。

小沢　常備軍のない国連に兵力を提供したらいいという考えです。日本としては、うちも兵力を提供するからアメリカもやれ、中国も、ロシアもやれ、おまえたち、常任理事国だと威張ってばかりいないでちゃんとやれと、そう呼びかけて合意を取りつけたいが、やっぱり「隗《かい》より始めよ」で、日本が率先して実行しなければどの国もやりませんからね。僕はそういうことをすぐ実現できるとは思わないですけれども、そういう発想、考え方を世界に発信すべきだと思います。ですから、国連のための軍を供給するためなら、それに巨額予算を割《さ》いてもいいと思っています。

再度言いますが、それは世界のためでもあるが、第一義的にはわが国の安全を確保するためです。二十世紀の中葉に舵取りを大きく間違えた日本が、今度間違えたら大変です。武装すればするほど相手国も武装するんですから。中国がやっているからこっちもやるべきだ、それでは果てしなき軍拡競争になるだけでしょう。日本は技術も資本もあるから、国民に覚悟さえあれば軍備増強はどんどんできますよ。だけど、それればかりしていたって、長期的な解決にはならない。

第二に、日本周辺のパワーバランス上、どうしてもそのプレゼンスが不可欠なアメリカという大国、これが伝統的な孤立主義や単独主義に嵌《はま》っていくのを防ぐためにも、国連中心の国際協調は有益です。アメリカは強《し》いて他国と付き合わなくても安全に食っていける国土と資源と人口に恵まれています。ですから、アメリカ国内には、なぜアメリカ人は金

＊33　ブトロス・ブトロス＝ガーリ。第6代国連事務総長、一九九二年初頭から一九九六年末まで在任
＊34　https://www.yokomichi.com/monthly_message/2004.03.19.htm

を使い、血を流して外国のために行動するのかという議論が常にあります。だから何かあれば孤立主義が頭を擡《もた》げる。

堀　いわゆるモンロー主義ですね。

小沢　そうです。しかも、孤立主義の裏返しは単独主義の独断専行です。アメリカはもともと、国連のような超国家的な機関がひどく嫌いなんです。だからアフガニスタン戦争も、ブッシュさんが自分で勝手にやった。これはアメリカの戦争だ、おまえたちには関係ないと言ってやり始めて、状況膠着《こうちゃく》で困ってしまって、みんなに頼むよという話になりました。アメリカには、あんな我《わ》が儘《まま》をせず、孤立主義にも陥らず、国連という世界的組織の中できちんとみんなと足並みを揃えて役割を果たしてもらいたい。そのためにも、日本が率先すべきだというのが私の議論です。言いかえれば、ややもすれば独善に走る傾向のあるアメリカをも、国際協調に引っ張り込もうということです。

なにしろ、これは別の折に述べましたが（第Ⅱ章参照）、日米安保自体も国連中心の世界ビジョンに基づいています。仮に敵が日本を攻撃してきた場合、国連が動くまでにタイムラグがあるから、その間は日米でしっかり防衛しようね。しかし国連がきちんと措置をとってくれたときは、日米での自衛権行使はそれでお終《しま》いよと、安保条約に記されているのです。こうして、安保条約と国連憲章はぴったり符合しています。だから、日米同盟と国連中心主義は何も矛盾しない。これまた繰り返しになりますが、日本国憲法と国連憲章と日米安保条約は三位一体なのです。

●中身がすり替えられた「積極的平和主義」

堀　小沢さんの見地に立てば、まさにその三位一体を生かしていく国際協調こそが、同じ憲法の平和主義原理に適《かな》う道であり、それこそが「積極的平和主義」、もっと言えば「国際協調主義に基づく積極的平和主義」なのだと思います。

そもそも、「積極的平和主義」という言葉が日本の公共空間での議論に浮上したのは、湾岸戦争直後に自民党内に設置され、ほかでもない小沢さんが会長を務めたことから一般に小沢調査会と呼ばれた、「国際社会における日本の役割に関する特別調査会」の一九九三年二月付け提言をもって嚆矢《こうし》とするわけです。その提言を見てみますと、「積極的・能動的平和主義」という言葉が、消極的平和主義や一国平和主義との対比で用いられています。

ところが、注目すべきことに、第二次安倍晋三内閣が二〇一三年十二月一七日に閣議決定した「国家安全保障戦略[*35]」もまたその基本的理念として、「国際協調主義に基づく積極的平和主義」を提示しているんです。そして、それ以来、外務省が出す一般向けパンフレット[*36]などにも、「日本政府が掲げる日本の国家安全保障の基本理念」として、「国際協調主義に基づく積極的平和主義」が明示されるようになっています。

問題は、「積極的平和主義」という言葉は小沢さんが使っても、安倍さんが使っても、同じ言葉だろうかという点です。「国際協調主義に基づく積極的平和主義」なんて、文言だけ見れば、二〇数年の小沢さんの持論そのもので、安倍さんと安倍さん周辺がパクったとしか思えないくらいですが、中身はぜんぜん違うんじゃないかと思います。

小沢　ぜんぜん違いますね。安倍さんは憲法九条の解釈論議のときも、安保法制関連の論議のときも、ずっと一貫して、意識的にか、無意識的にかはともかく、集団的自衛権と国連の集団安全保障措置という、法的にまったく別のものをいっしょくたにしているでしょう。いっしょくたにして、やれ国際貢献だ、やれ「積極的平和主義」だと言っているわけだ……。

堀　まさにそうですね。あれがもし無意識的な混同だとすれば、総理大臣失格の無知さ加

国連中心の集団安全保障の旗を振るべきだ

減ですが、意識的にやっているのだとすれば、「積極的平和主義」という言葉をパクった上に、中身をすり替える手品師だといわざるを得ません。

小沢　小沢調査会のときからいまに到るまで、私が「積極的平和主義」の名に値するものとして想定してきた、そして想定している軍事行動は、国連平和維持活動（ＰＫＯ）と、国連の正式の授権に基づく多国籍軍の活動だけですよ。集団的自衛権の名目による海外派兵を「積極的平和主義」と見なしたことは一度もありません。

堀　その辺が、いま安倍さんの周辺にいる人たちのどうかしているところです。たとえば、例の北岡伸一氏は安倍首相の私的諮問機関「二一世紀構想懇談会」[*37]でも座長代理を務めていますが、あの有識者会議なるものが二〇一五年八月六日に出した報告書[*38]でも、「積極的平和主義」の旗が振られ、「国際秩序の安定に寄与する」という言い方で、「安全保障分野において日本が今後世界規模で従来以上の役割を担うことが期待されている」という曖昧な結論が述べられているんです。その文脈に「国際連合」の語がなく、「米国をはじめとする友好国と協力し、グローバルな課題にもこれまで以上の責任を負うことが求められる」というフレーズがあることを考慮すると、やはり国連の集団安全保障措置とは無関係な共同軍事行動への参加を示唆しているものと受け取るほうが妥当でしょう。

いうまでもなく北岡氏個人は、はね上がった極右イデオローグなどではありません。その氏にしてこんな具合ですから、安倍さんの背後に蝟集《いしゅう》している国家至上主義者たちに関しては、何をか言わんやです。

小沢　「積極的平和主義」を主張するのなら、当然、日本国憲法の理念に立ち返るべきです。国連の活動に対してあらゆる手段で協力するのが積極的平和主義のエッセンスです。それを二の次にするなら、そこにはごまかしがあると見なくちゃなりません。

＊35　http://www.cn.emb-japan.go.jp/fpolicy_j/nss_j.pdf
＊36　http://www.mofa.go.jp/mofaj/press/pr/pub/pamph/pdfs/anzen_seisaku.pdf#page=2
＊37　正式名称は、「二〇世紀を振り返り、二一世紀の世界秩序と日本の役割を構想するための有識者懇談会」
＊38　http://www.kantei.go.jp/jp/singi/21c_koso/pdf/report.pdf]

●安倍内閣は「個別的自衛権行使の拡大」を目論んでいるのか

堀　小沢さんと安倍さんの間で、「積極的平和主義」という言葉の指し示すものがこれだけ異なるのだということを、きちんと確認しておきます。なにしろ、メディアで有名なある左派の政治学者がラジオで、集団的自衛権に関する安倍さんの解釈はかつて小沢さんがやりたがっていた解釈だなどという一知半解《いっちはんかい》の「解説」を、あたかも知られざる真実であるかのように流布してくれる世の中ですから。

ところで、もしいまの安倍政権か、安倍政権に準ずる政権が続いていくとすると、国連PKOへの貢献はほったらかしで、日本は個別的自衛権、または集団的自衛権の名で、「在留邦人の安全を守るため」といった理由づけによって兵力を遠い海外までも送りかねません。

小沢　昔の大本営発表と似てきてしまいますね。かつて大日本帝国は、毎度、海外在留の邦人の生命を守るため、国益を保全すべく、権益を死守すべく、帝国陸軍は云々《うんぬん》、帝国海軍は云々といって、大陸や遠方へ兵を送ったわけです。それと同じことを繰り返すようなことになっては、何のための歴史の教訓でしょうか。何百万の同胞の命を失って、それでまだ悟らないのか、という感じです。

堀　訝《いぶか》しいのは、憲法や安保法制に関する日本社会の議論が、集団的自衛権それ自体にフォーカスされていることです。安倍自民党政権は兵を海外へ送る名目として、もっぱら集団的自衛権を挙げ、個別的自衛権には言及しません。現政権に批判的な人びとも、その土俵に乗って議論しています。私は、これはピントがずれているのではないかと思います。集団的自衛権自体について、合憲か違憲かと問うことに意味があるでしょうか。早い話、周辺事態法に基づいて自衛隊等が実施する米軍への後方支援を個別的自衛権の行使と見なすか、それとも集団的自衛権のそれと見なすか、判断の微妙なところでしょう。それによって日本国による集団的自衛権行使が周辺事態においてのみ合憲か、それとも一概に違憲かが決まると思います。しかし重要なことは、そんな区別より、安倍内閣が周辺事態法の地理的制限を取り払って、世界中どこででも集団的自衛権を行使できるようにしたがっていることです。

小沢　安倍内閣は、いまは集団的自衛権を地理的制約抜きで使えるようにしようとしていますが、本音は疑問ですね。自民党の憲法改正草案を見ると、九条に新たに「国防軍」の項目を設け、「……公の秩序を維持し、又は国民の生命若《も》しくは自由を守るための活動を行うことができる」[*39]としているのです。実は、個別的自衛権行使の拡大を目論んでいるのではないでしょうかね。いまや日本人の活動は世界中に拡がっていますから、日本人は世界中どこにでもいます。だから、日本国民の命を守るとか、権益を守るとか、そういうことだけで合法的な理由になるのならば、世界中どこへでも国防軍を派遣できることになります。

集団的自衛権の場合は、良くも悪しくも他国と連携しなければならないので、その運用にある種の歯止めが掛かりやすいのですが、個別的自衛権は一国の独自判断で発動できるのですから、悪くするといっそう危険なのですよ。

堀　当面は日本人の「赤信号みんなで渡れば恐くない」式の集団心理をくすぐりつつ、アメリカからの圧力を陰に陽に匂わせたり、同盟国への義理立てを口実にしたりして集団的自衛権行使の拡大を狙い、いずれは個別的自衛権行使の地理的制約をも取り払おうという腹かもしれません。これは心配です。小沢さんとしては反対されますか。

小沢　もちろんです。単独で、あるいは特定の国といっしょに、日本と直接関係のない紛争に軍隊を派遣するというのは憲法九条によって禁止されています。どうしてもやりたいというなら、正々堂々と九条の改正を議会と国民に問うべきだと思いますね。姑息な手法は民主主義を歪《ゆが》め、社会と国家を腐らせます。

●対米関係をどう考えるか

堀　日本と日本人にとって、アメリカ合衆国というのは、太平洋戦争の前は「鬼畜米英」と罵《ののし》っていたのに、戦争でこてんぱんに負かされ、原子爆弾を二発も落とされた挙げ句に降伏させられた相手、戦後は一転して憧れの国となり、以来今日に到るまで日本の国土の中に巨大な軍事基地を持っている同盟国ですね。ある意味ではその圧力――あるいはわれわれが圧力と感じるもの――がまことに鬱陶《うっとう》しいけれども、だからといって、ふたたび事を構えるわけにはいかない相手ですね。

小沢さんは、かつては過度に親米的と目されて多くの人から憎まれ、近年は反米的だと思われて別の多くの人から嫌われている人です。実際は、アメリカに対して、どういうス

＊39　「日本国憲法改正草案（現行憲法改正）」、自由民主党、二〇一二年四月二七日（決定）https://www.jimin.jp/policy/policy_topics/pdf/seisaku-109.pdf

タンスなのですか？

小沢　僕に関して、ワシントンの意向に追随するという意味で「親米」だと言ったり、逆に敵対的だという意味で「反米」だと言ったりするのは、まったくの見当はずれです。あまりにもバカバカしい……。

好き嫌いでいえば、僕はアメリカ人は好きですよ。アメリカン・ピープルは好き。ただし、いつも言うんですが、特別に見上げているということはないです。しかし、問題は個人的な感情ではないですよね。政治家としての見解でしょ？

堀　もちろん、好き嫌いの話ではありません。日本側に立って、アメリカとの関係をどう考えるかということです。

小沢　大事です。絶対にうまくやらないとだめ。

堀　優先事項ですか。

小沢　はい。対米関係は日本外交の最優先事項です。極端にいえば、戦後、日中は途絶えていましたよね。けれども日米はずっとやらなければならない、という感じです。日米を途絶えさせてはいけない。

堀　ひどく初歩的な質問のようで恐縮ですが、それはなぜですか。なぜアメリカとの関係はそんなに大切にしていかなければいけないのか。

小沢　よく日中関係について「一衣帯水《いちいたいすい》」という言葉が使われますが、日本とアメリカも太平洋を挟んでいながら現実には一衣帯水なんですよ。民主主義の理念を共有する云々といった、そういう建前もあります。経済体制も同じ資本主義・市場主義で、交易も盛んです。それから、アメリカというのはよく「帝国」といわれますが、かつてほどでなくなった今日でもなお、やはり圧倒的に世界一の、経済的・軍事的大国なんです。歴史上、日本が「開国」したのも、アメリカの力にやられて「開国」したわけですよ。しかも、明治の初めと昭和の中途に二回にわたってですよ。そしてアメリカは大西洋を介してヨーロッパともつながっている。ですから、好むと好まざるとにかかわらず、日米の基本的な友好関係・信頼関係は絶対に失うわけにいかないんです。

堀　小沢さんのことを「反米」だとか「嫌米」だとか早合点して危険視している人たちにも、同じ早合点に基いて逆に英雄視している人たちにも、ちゃんと聴き取っておいてほしい明確な言葉ですね。

●日本はアメリカの「同盟国」たりえない

小沢　問題はむしろ、日米同盟、日米同盟と言っているけれども、日本とアメリカはまだ本当に同盟と言える関係になっていないということですよ。同盟というのは対等な国同士の連帯ですからね。

堀　主従関係ではなく、契約関係ですからね。

小沢　対等というのはね、アメリカと肩を並べる軍事力、経済力を持たなければならないという意味ではないんです。力や能力に差があるのは当たり前です。個人を見たって、優秀なのもいればそうでないのもいるわけで、いろいろですが、それでも人間の尊厳ということでいえば、一人の人間と別の一人の人間は対等です。同じように、大国でも小国でも、独立国家である以上、主権を有する存在として国と国は本来対等なんです。

だから、仮にも同盟というのなら、国と国がお互いに対等な関係を引き受けなければいけない。日本も遠慮なくきっぱりと日本なりの主張をおこない、それにともなう責任を負わなければならない。ところが、相手に対峙《たいじ》する、そして責任を負うということは辛《つら》いから、日本側はしばしば、アメリカの言うとおりにすればいいということになってしまっています。だから、いまではアメリカは、日本のことは頭の隅にもないくらいです。どう転んでも、日本人は結局自分たちの言うとおりにする、何か言えば必ずついて来ると思っているからね。

たとえば、あの湾岸戦争でアメリカが戦端を開いたのは一九九一年一月一七日の午前九時だったのですが、それをアメリカ政府が「同盟国」であるはずの日本に知らせてきたのは、なんと当日の午前四時、わずか五時間前だったのですよ。そんなふうだから、その日の午前〇時頃に首相官邸で開かれた与党首脳会議では、当時自民党幹事長だった私が非公式ルートの情報から推測して開戦間近だと言うのに対して、外務省は、いや、戦争にはならないと主張し続けていたのです。

堀　国際法的に正当だった湾岸戦争と、その正当性を欠いていた二〇〇三年のイラク戦争を、「戦争は戦争だ！」という式の感情にまかせて混同してはなりませんけれども、私が思い出すのはイラク戦争開戦直前のことです。

当時、とにかく戦端を開きたがるアメリカとイギリスに対し、国連の場でフランスやドイツが、大量破壊兵器に関するイラク査察をなお続けるべきだと主張しました。ちなみに、査察団の責任者たち自身が査察継続を求めると表明していたのです。それで、特にフランス外相ドミニク・ド・ヴィルパンが安保理で雄弁をふるい、内容・形式ともに申し分のない立論で、アメリカを礼儀正しく諫《いさ》めました。あれは本当に、歴史に残る名演説でした。国連安保理で異例のスタンディングオベーションが起こったほどでした。

あの頃、日本のテレビなどでは、多くの「専門家」だのコメンテーターだのが、いかにも訳知り顔で、どうせそのうちフランスは腰砕けになる、今カッコつけているだけだというような「解説」をしたものです。日本ではその程度でしたが、アメリカはカンカンに怒りました。あの息子ブッシュ大統領を英雄視する空気が充満していた時期だけに、アメリカに逆らうフランスはけしからん、フランス製品は全部ボイコットするぞ、という運動がダーッと拡がりました。

フランスは人口からいっても、GDPからいっても、日本の半分を少し超える程度の国です。しかし当時のフランスは少しも動じませんでしたよ。一方、日本では、アメリカのイラク侵攻をいち早く支持したことで日本が米国内で株を上げたとか、ブッシュ大統領と小泉総理の蜜月が決定的になったとか、そういったことを喜ぶのがあたかも「現実的な」態度であるかのような言説がおこなわれていました。しかし、戦争が悲惨な結果を残して一段落したのちに、アメリカの政権が自国の方針に対してどんな態度をとるかを気にかけるパートナー国はどの国であったか。それはたとえばシラク大統領のフランスであって、小泉首相の日本ではなかったと思います。どんな場合でも必ず追随する国が尊重されるわけがないです。

小沢　そのとおりです。「ご機嫌取り」で取れるのは、まさに表面的な「ご機嫌」だけです。その点は、個人の人間関係でも、国と国のあいだの関係でも同じです。その場その場でのご機嫌取りは、同盟国の間にふさわしい信頼関係をむしろ損ねます。

その上、形の上では同盟国の関係の二国なのに、実はいつも一方が他方にお追従《ついしょう》を言い、ご機嫌取りをするというような関係を続けていると、知らず知らずのうちに一方の国民の間に他方に対する恨みがたまり、反感が募《つの》っていきます。アメリカと対等で付き合うようにならないと、日本国内に変にこじれた反米感情が嵩《こう》じていく可能性があって、私はこれをかなり心配しているんですよ。

堀　ああ、本当にそれは危なっかしい点です。日本人のマジョリティは素朴すぎるほど素朴に親米的だと思いますが、まさにそうだからこそでしょう、その大勢に反発するように、最近は政治的な右と左の両翼で、アメリカへのルサンチマンが表面化してきているように感じます。特にインターネット・メディアをとおして、世界の諸悪の根源はアメリカだ、日本はそのアメリカに隷従する「属国」だ、日本を牛耳《ぎゅうじ》っているのはアメリカに仕える「売国奴」だ、というような、多分に自己嫌悪的で、出口のない見方が拡がっているんです。

私自身は、日本が何もかもアメリカに支配されている属国だとまでは思いませんが、それでも、わが国の指導層のシステマテックなアメリカ追随を見るにつけ、日本の民主主義を「生徒会民主主義」と呼びたくなります。つまり、中学校の生徒会で何を決めても、教員室の先生方にノーと言われたら万事休すであるのと同様、日本国で何を決めても、最終的には太平洋の向こうのビッグブラザーに是認してもらわないと全部ひっくり返ってしまう状況、あるいは——おそらくこちらのほうが正確でしょう——日本人自身が勝手にそう思い込み、アメリカとの関係において自主的に振る舞うことを恐れる状況があるのは事実だと思っています。

●日本が自前で負うべき責任

小沢　アメリカとの関係で、たとえば沖縄の状況にも、日米地位協定*40にも、理不尽なまでに日本側が譲歩していると思える点が多々ありますね。いずれも、腰を据えてアメリカとちゃんと交渉すれば、リーズナブルなところへもっていくことはできますよ。ただ、そのためには日本が、やはり日本のことなんですから、アメリカが退いて生まれる空白を自前で引き受けるということを示さなければだめです。そういうことに踏み込むのを嫌がっているかぎり、アメリカは慇懃《いんぎん》にではあっても、それならおれの言うことを聞けという態度に終始します。

堀　それで思い出すのは、小沢さんが民主党代表をやっておられた頃の一件です。

二〇〇九年二月二四日、関西で記者団に「米海軍の第七艦隊だけで、米国の極東のプレゼンスは十分だ」と語ったと大きく報道され、ちょっとした騒ぎになったことがありましたね。あの折のご発言、実は「自衛隊の将官や軍事評論家達の間では『小沢さんの言う通りじゃないか』との声が多く聞かれた」[*41]とのことですが、在日米軍の実態や米軍再編に通

＊40　正式名称は「日本国とアメリカ合衆国との間の相互協力及び安全保障条約第六条に基づく施設及び区域並びに日本国における合衆国軍隊の地位に関する協定」。一九六〇年一月一九日締結の新日米安保条約第六条に基づき、主に在日米軍の日米間での取り扱いなどを定めている

じていない永田町の面々の猛反発を呼びました。今日、市井《しせい》のたいていの人は、文脈から切り離されて独り歩きした「米海軍の第七艦隊だけで……」のフレーズしか憶えていないので、ここには当時の共同通信の記事を丸ごと掲げます。

《在日米軍再編に関する小沢一郎民主党代表の発言要旨は次の通り。

ただ米国の言う通り唯々諾々と従っていくということでなく、私たちもきちんとした世界戦略を持ち、どういう役割を果たしていくか。少なくとも日本に関係する事柄は、もっと日本自身が役割を分担すべきだ。そうすれば米国の役割は減る。この時代に前線に部隊を置いておく意味はあまりない。軍事戦略的に（米海軍）第7艦隊が今いるから、それで米国の極東におけるプレゼンス（存在）は十分だ。あとは日本が極東での役割をしっかり担っていくことで話がつくと思っている。（24日、奈良県香芝市で記者団に）

（米空軍は）いらないと言っているのではなく、日本もきちんとグローバル戦略を米国と話し合って役割分担し、その責任を今まで以上に果たしていかなければいけないという意味で言っている。日本も米国におんぶに抱っこになっているから。自分たちのことは自分たちでやるという決意を持てば、米軍が出動部隊を日本に置いておく必要はない。ただ、どうしても東南アジアは不安定要因が大きいので、米国のプレゼンスは必要だ。おおむね第7艦隊の存在。あとは日本の安全保障、防衛に関連することは日本が、自分のことなんだから果たしていく、そういうことだ。（25日、大阪市で記者団に）[*42]》

これに対して、当時の政界から湧き起こった反発には三通りあったようです。まず、当時の政府・与党の幹部たちは、一方では麻生太郎首相とともに、日本の防備を丸裸にするつもりかと立腹し、同時に他方では、たとえば町村信孝《まちむらのぶたか》元官房長官のように、日本の防衛予算をめちゃくちゃに増大させるつもりかと怒ったようです。そして、共産党の志位《しい》委員

＊41　田岡俊次「『第7艦隊だけで十分』発言の正当な評価」『ＳＡＰＩＯ』二〇一〇年二月一〇日～一七日号、九四頁
＊42　共同通信、二〇〇九年二月二六日。http://www.47news.jp/CN/200902/CN2009022601000609.html

長や、当時の社民党党首・福島瑞穂《ふくしまみずほ》さんは案の定、軍拡路線を懸念して眉を顰《ひそ》めたのでした。*43

このとき小沢さんの発想は、在日米軍は極東の安全と日本の国防に寄与しているのだから、その在日米軍の規模を縮小するには、日本の国防にかかわる役割をできるかぎり日本が自前で担うことによりアメリカの負担を軽減する必要がある、ということであっただろうと私は推測します。

小沢　うん、そのとおりです。当たり前の理屈じゃないですか。

堀　至極、論理的で、かつ現実的な話だと思います。しかし、その話に対する日本の政界の反発を振り返ると、戦後六〇年も七〇年も経ったというのに、わが国の政界の大半は、在日米軍を縮小しなくてよいから国防はもっぱらアメリカにお願いしたい、そうすることで日本の防衛予算を節約したいという勢力と、在日米軍は縮小したいけれど、自前の軍備を拡大するのも嫌だという勢力に二分されているのだなぁと痛感します。

小沢　日本国民がまだ自立していないと僕が言うのは、まさにそのことです。

ただ、すでにお話ししたように、安倍政権とともに擡頭《たいとう》してきたのは一種の武装独立派なので、これまた僕のいう自立志向とはぜんぜん違うのですけれども、戦後日本の政界では表面に出てきていなかった勢力だとは言えそうです。

●危機の中国

堀　小沢さんがいわゆる「反米」でも、「嫌米」でもないことはよくわかりました。ところが、小沢一郎は親中派だ、中国におもねっているんだ、などというネガティブキャンペーンがある程度浸透しています。

小沢　承知しています。このところ私は中国寄りだと思われ、左派みたいに言われているんです。けれども、私の親米姿勢がアメリカにおもねることを意味しないのと同様、私が親中だとしても、それは中国におもねるということではありません。ついでに言っておくと、私は外国では台湾の知人がいちばん多いし、いちばん多く行っているのも台湾なんで

＊43　高野孟「小沢一郎発言『在日米軍は第7艦隊で十分』の見識・その1――脅威の見積もりなしに行われる議論の不思議」、二〇〇九年二月二八日。http://www.the-journal.jp/contents/newsspiral/mb/post_209.html の記述を参照した

すよ。

堀　そうですか。

小沢　このことは北京も知っています。「おれは台湾へ何度も行っているし、これからも行くよ」と話してあるのでね。ただ、日中国交回復、日中条約以来、台湾政府の招きで台湾へ行ったことはありません。そこはけじめをつけているんです。とはいえ、プライベートでちょくちょく行く。だから北京も、僕が台湾と親密だということはよく知っています。

堀　いま日本では、中国が恐いという雰囲気がじわじわと濃くなってきているようなのですが、これ、どうしたらいいのでしょう?

小沢　中国は大変ですよ。

堀　大変ですか。

小沢　ますます大変な事態になってきています。

ただし、近隣の大国である中国が強すぎて大変なのではないですよ。むしろ逆に、中国自体が目下、ひどく危機的な状況にあるから大変なのです。

最近マスコミはあまり報道しなくなりましたけれども、中国はいまも尖閣諸島付近の領海にしょっちゅう侵入してきていますよね。そして、尖閣に限らず、あらゆることにおいて、対外的にますます強硬な路線を取っていますね。あれは、外へ強く出ることによって内側を引き締めよう、内部での対立・分裂を避けようとしているのにちがいない。中国当局にとって国内事情が相当悪化している証拠だろうと思います。

堀　実際に方々で暴動が起こっていますよね。

小沢　やっぱりあれだけ極端に格差が大きくなりますと、仮に一億人の大金持ちがいても、一〇億人以上もの生活に困っている人がいるわけですから、あの格差は今の政治体制では直せないですね。だから僕は、あの国のトップの連中に直接面と向かって言っているんです。このままではたぶん、共産主義独裁の政権はもたないよと。やっぱり転換しなければいけないよと。僕はそのように率直に言っています。

堀　多元性を認めない権威主義体制では、下からの不満を解決できず、抑えきることもできないということですね。

小沢　そもそも、中国大陸にはいろいろな民族がいて、数千年の歴史の中で統一国家が形成されていたのはわずかな期間だけです。そして、その統一国家が今のような版図《はんと》を持ったのはほぼ初めてです。あれは清朝《しんちょう》の領土ですから、ずいぶんロシアに削られましたけれど、いちばん大きいんです。歴史のほとんどの時期に支配的だったのは、みんな民族国家だったのですからね。ということは、現在、新疆《しんきよう》ウイグルやチベットや蒙古《もうこ》、満州も本当はそうなんですが、いろいろなところに元から民族的な運動があって、そこに経済格差の問題が重なってきているのです。

堀　加えて、中国は日本よりは若干時期が遅れるようですが、日本の比ではない規模で少子化の問題が深刻化するでしょう。

小沢　そうそう。

堀　人口のピラミッドが逆三角形。

小沢　とてつもない経済格差、複雑な民族紛争、人口バランスの大きな歪み、これらが重なってしまうわけです。しかも、国の指導層の腐敗が甚《はなは》だしいでしょう。それから、これが重要なんですが、これまでの経済運営で内需活性化を怠《おこた》ってきた結果、いろいろな意味で困難な社会問題をある程度包み込んでいけるような国民経済が育っていません。GDPに占める個人消費の比率の低さがそれを示しています。たしかまだ三五%程度にとどまっているはずです。ちなみに、アメリカはそれが約七〇%、日本は約六〇%ですね。中国経済が動揺したら、日本を含む世界全体に与える影響が甚大《じんだい》です。

しかも、忘れてはならないのは、中国の場合、経済問題が即座に政治問題に直結するだろうということです。いまのところは、何だかんだ言いながらまだ中央のコントロールが利《き》いています。だから、北朝鮮もまだあのパワーの下にいますけれども、中国という重しが外れると、勝手に行動するでしょう。暴発するかもしれない。統一されている巨大中国も、周りの国にとって厄介《やっかい》ですが、もし共産党の独裁体制が急激に瓦解したら、中国大陸と朝鮮半島で動乱が始まりかねないのです。ですから、いろいろなことを考えておかなければなりません。

トントン調子で高度成長していた中国の経済がいま変調を来《きた》しつつあり、巨大なバブルが壊れそうになっているとき、中国への反感に駆られて、いい気味だなどとほくそ笑むのは、あらゆる意味で間違っています。隣国のこの危機は、ただちにわれわれの危機でもあるんです。ですから、今こそ日本がイニシアティブを取って欧米にも働きかけ、先進国が一致して、中国の指導者たちになんらかの助け舟を出さなくちゃいけません。そうして日米欧で全力を尽くして、中国のバブル経済崩壊をなんとかソフトランディングさせるべきです。

●外交のベースは信頼関係——尖閣、靖国問題の解決への道

堀　政治ジャーナリストらが何と言おうと、小沢さんが「反米」「嫌米」「反中国」「嫌中国」のいずれでもないことが、いまや明らかです。国家の外交を、小沢さんはそんな感情的ないしイデオロギー的次元でなんか考えていないわけです。

ただ、さきほど、日米関係こそが日本外交の最優先事項と明言されたことには、あらためて注目しておきたいと思います。というのも今日、小沢さんといえば、アメリカと中国を等距離に置く「日米中、正三角形論」だと思っている人が多いのです。あれは本当ではないのでしょうか。

小沢　いや、必ずしも間違っているわけではないです。東西対立の時代が終わってから、僕がどこかでアメリカと中国と正三角形の関係だと言ったものだから、また右の方々がぎゃんぎゃん騒いだのですよね。以来彼らは、小沢というとそのレッテルを貼り付けるわけだ。

実際には、何のことはない、東西対立の時代には判断は基本的にただ一つでよかったけれども、冷戦が終わってからはそうではないので、そうではない時代になった以上、「正

三角形」という言葉は別として、アメリカも、中国も、どっちも日本にとって大切だ、だから両方とちゃんと付き合わなければいけない、というだけの話です。

日本にとって、アメリカとの同盟関係が不可欠の基軸だということは、折に触れて何度も念押ししています。ただ、それだけにしがみついて、他を排除するのは不見識だと言っているだけです。

堀　アメリカにだけしがみつくような態度が、かえってアメリカとの関係をおかしくするということ、これがわからないといけませんねえ。それから、外交とは、否応《いやおう》なしに他国の存在を受け容れて、なるべく平和的に付き合っていくために、礼儀という外見的なものを極力重んじる営みですよね。外交は好き嫌いの問題ではなく、さらにいえば善悪の問題ですらないと思います。

小沢　そうです、そうです。だから、これは一例にすぎないけれども、僕も尖閣諸島は琉球《りゅうきゅう》王朝以来のもので、日本領土だと思っていますし、遠慮なくそう主張しますけれども、向こうは向こうで、正しいかどうかは別として、ワーワー言うわけですから、なんとか解決しなければいけないですよね。そのことをざっくばらんに話し合うことのできる場だけは確保しないといけません。

靖国神社参拝の問題でも、地道に努力したほうがいい。他国の意向に迎合する必要はないが、他国から見てもそれなりに道理の通っていると思えるような、理解しやすい原則に則《のっと》って行動すべきです。私は、A級戦犯を合祀《ごうし》してしまっているいまの靖国神社に政府閣僚等が参拝するのはよくないと考えています。A級戦犯を合祀から外すべきです。そして以前のように、天皇陛下をはじめ、誰もが素直にお参りできる靖国神社にするべきだというのが私の持論です。現状のままで日本の内閣総理大臣が靖国へ参拝するのは、結局、韓国や中国の神経を逆撫《さかな》でし、体面を傷つける挑発になってしまうのです。

わざわざそういう態度を見せつけておいて、それで「話し合いの門戸は開いています」なんて言うのでは、相手にしたら、「ふざけるな」ということになっちゃうでしょう。政治責任者が感情やイデオロギーにかまけて対話の基盤を壊したら、外交自体が不可能になります。

堀　相手がいて初めて成立するゲームをぶち壊したりはしないという信頼関係を醸成しておいてこそ、キビシイ外交交渉ができるのですからね。安倍首相は国際舞台で見得《みえ》を切るのが好きなようですが、強がりをやって自己陶酔するというようなところが、どうにも子どもっぽい……。

政治家として外交をおこなうには、落ち着いた思慮深さや、私的なナルシシズムを超越する「国家のセンス」が必要でしょう。人間としての厚みのようなものが、やっぱりモノを言うと思います。

小沢　そうですね、軍事力・経済力などの背景はもちろんバカにできませんが、最終的に政治交渉を担《にな》うのは、やっぱり個々の人間ですからね。

そういう面に関連して言いますとね、中国人というのは本当に煮ても焼いても食えない人たちだと僕は思っているんですけど、それでも一つ、感心することがあります。彼らは相手を一度信頼すると、もう不変なんです。たとえば日中国交回復した田中角栄先生が病気になって口も利けなくなっても、中国のトップの人は、来日すると必ず目白《めじろ》の田中邸へ行きましたよ。たとえ形式であるとしても、必ず目白へお見舞いと挨拶《あいさつ》に行ったんですよ。徹底して信義を守るんです。

堀　ほう、それは文化ですね。

小沢　実は僕は自分の考えで、議員としての公的な仕事と並行して、プライベートな日米、日中の草の根交流を二〇年、三〇年ずっとやってきています。中国との間では「日中至誠基金」というのを創って、毎年、学生の訪日団を迎え入れているんです。地味な活動なんですが、この情報が北京のトップまで行き渡っているんですね。
それであちらは僕を信頼してくれているらしく、会うたびに僕はズケズケ、ズケズケ、彼らにとってはさぞ面白くないだろうことを言うんですが、どんな不快な話でも、怒って僕を拒否するということはないですね。お互い、うんうんと聞きながら議論できます。そういう意味では、彼らは非常に信義に厚いところがある。だから、いま行き詰まっている日中関係、僕はいくらでも打開の仕方があると思っています。

●冷静さ・しぶとさ・自己主張

堀　東アジアの国際政治に関して、最後に一つだけ質問します。
私は過去の経緯を括弧《かっこ》に入れ、根深い偏見を取り払って、日本はロシアと組むのがいい方法だと思っています。中国との友好関係を回復しつつ、同時に中国を牽制《けんせい》する狙いです。なぜなら東アジアで、中国は現状変更勢力でしょうが、アメリカと日本同様、ロシアもまた現状維持勢力だからです。

小沢　うん、悪いことじゃないです。中国は日本のことを恐がっていますからね。今、核兵器を持ち出せば話が別ですが、中国にとって最強のライバルは日本なのですよ。アメリカは別格です。ロシアはピョートル大帝以来、あれはやはりヨーロッパロシアです。ウラル以東はあとで征服しただけで、特に極東ロシアは非常に貧しいですから。わが国としては、早く日本の経済圏に組み込んでいくといいです。でも、こんなことを言っていると、今度は小沢は「親露」だとか、「プーチン派」だとか、言われるかもしれない……（笑）。

堀　いずれにせよ、大きく流動化してきている世界の中で、とりわけ不安定要素の多い極東地域で、日本はこれから努めて冷静に、しぶとく、明確な自己主張もしながら生きていかないと危ないですね。冷静さ、しぶとさ、明確な自己主張は、どうやら日本人の得意科目ではなさそうですけれども。

小沢　そうですね。日本人はその点、まだ初心《うぶ》です。ずっと島国で暮らしてきたから。大陸で育った民族の人たちが昔から生存競争をしてきたのに対し、日本人がそこを苦手とするのは仕方ないですけど、世界の人と付き合っていかないとこの平和と豊かさを維持できないとするならば、やはり日本人も明確に自己主張する習慣をきちんと身に付けないといけないと思います。臆することなく、見解の対立を恐れることなく、はっきり自分の考え、意見を述べないといけない。異国の人びと、多様な人びとと交わって共生していこうとする以上、日本人はそこから、政治家も国民も直していかなければいけないだろうと思います。

堀　開かれた対話の姿勢を堅持することが前提ですけれど、自分の見解や主張をはっきり打ち出すのは他者の排除ではなく、むしろ他者が他者であることを受け容れ、まともに付き合っていこうとすることですからね。実際、相手が外国人の場合は特に、及び腰で同調すると誤解を招きます。

小沢　そう、定見もなしに、その場その場でいい加減に調子を合わせるのがいちばんいけないのです。

V

国造りの構想

小沢一郎は「政局」だけの政治的アニマルだという風評

小沢一郎氏が二〇〇九年に民主党による政権交代をやってのけた直後には、言論界の呪術《じゅじゅつ》師たちが繰り出す「政治とカネ」という中身空っぽの呪文が姦《かしま》しかったのですが、それに混じって、小沢は政策に無関心な政局アニマルだという風評も多く流布されました。

たとえば、「小沢さんは政略家であって政策家ではありません。彼の政策についていえば、いったい何を考えているのかわかりません」(注)というように。

もっともこれは、二〇〇三年に政界を引退した野中広務《のなかひろむ》氏の証言です。現役時代に小沢一郎氏を宿敵と見なしていたこの人が、小沢氏が総選挙で大勝した直後にこう断定したのは驚くにあたりません。しかし、宮台真司《みやだいしんじ》氏のような鋭敏な社会学者の署名で次のような断定を読まされると、訝《いぶか》しい思いを禁じ得ません。

これも二〇〇九年のことですが、宮台氏は民主党の「松下政経塾系が政策派で、小沢一郎一派が政治過程派です」(「情況」二〇〇九年一一月号、五五頁)と、いささかの躊躇もなく前提した上で、こう論評したのです。

「政治過程のプロである小沢一郎は政策へのこだわりが弱く(……)。小沢さんが一貫してブレていないのは、安全保障政策(……)だけです。他はブレまくりです。(……)小沢一郎は、安保政策を除くと『政策なき政策過程のプロ』かもしれません。つまり政策に無頓着な『勝ちたがり』です。」(前掲誌、五六頁)

別の雑誌からは、こんな会話が聞こえてきて、さらに首を傾《かし》げました。

内田樹《うちだたつる》氏曰《いわ》く、「あの人（小沢一郎）も、政治理論はほとんどない人なんだけれども、動物的な野生の勘があって、日本における政治的な流れの作り方が、直感的にわかってる。」（『SIGHT』二〇〇九年秋号、九九頁。傍点引用者）等々。

高橋源一郎《たかはしげんいちろう》氏曰く、「小沢さんって（……）現場にしょっちゅう行くっていうことは、白紙で行ってるんだよね。それは理念がないことの強さでもあるよね。」（前掲誌、一〇三頁。傍点引用者）

私見では、小沢氏は本当の意味において知的で、論理的で、先見力のある政治家の筆頭なのですが……。同時に、次のような見方が、いわゆる識者たちの間でかなり共有されていることに注目しないわけにいきません。次に抜き書きするのは、姜尚中《カンサンジュン》氏のコメントです。

「かつて小沢氏の『日本改造計画』を読んだ印象から言うと、小泉改革は、『計画』を実施しようとしたに過ぎません。」（『現代思想』二〇〇九年一〇月号、一〇九頁）

小沢氏は理念も政策も持っていないと断定する言説があるかと思えば、小泉首相の経済政策も、安倍首相の安保政策も、元々は小沢氏の政策だという見方もあるわけです。矛盾していますね。そして、どっちもどっちです。（堀茂樹）

注　野中広務「誰が日本の政治を殺したか」『新潮45』二〇〇九年一〇月号

●地方分権――補助金を廃止し、自主財源を創設する

堀　一九九三年のご著書『日本改造計画』（講談社）を再読しました。いろいろなことが書かれていましたが、全体の幹ともいえる骨太な「計画」は、やはり地方分権のそれだと思いました。

小沢　そのとおりです。私はあの本で、中央集権から地方分権へ、統治機構の大転換を提言したのです。中央集権が悪いとか、悪かったと言ったのではありませんよ。日本にとって中央集権が必要な時代もあったという認識に立って、思い切った地方分権が望ましい時代に立ち到ったという判断を示し、行政の本格的な分権化ビジョンを示した。今も基本的に同じ考えです。

堀　具体的にはどういう転換ですか。

小沢　決め手は、地方自治体への紐付《ひもつ》きの「補助金」を廃止し、そのお金をまるごと、各自治体が自らの意思とプランで自由に使える「自主財源」として交付することです。

流通機構でも一次問屋、二次問屋、三次問屋と通していくと、最後の小売店で物の販売価格がひどく高くなってしまいますね。人の手を経れば経るほどコストが大きくなるのは

自明の理です。国からの交付金を自主財源として直接地方に渡すことで、税金の無駄遣いをなくすことができるし、地方では地元の事情に合ったお金の使い方ができるようになる。その結果、税金のロスを防ぎ、総額の二～三割をまた新たな財源として活用できるというわけです。

こうして補助金を自主財源に変えれば、官僚の配分権を事実上、半減させることもできます。特別会計や特殊法人、独立行政法人などに税金をため込むこともできなくなるし、その必要性もなくなり、これらも自然に廃止されるでしょう。同時に、地方振興も補助金頼みの依頼心の強い状態から脱して自立せざるを得なくなり、いろいろ失敗しながらも、だんだんと逞《たくま》しくなっていくはずです。まずこの「金目《かねめ》の権限」をしっかり転換させることが、官僚主導から政治主導へ、すなわち国民主導へ、政治を変えるカギでもあるのです。

●途上国は中央集権へ、先進国は地方分権へ舵を切る

堀　その点は、二〇一〇年九月に菅直人《かんなおと》氏と争われた民主党代表選挙の折りにも、立候補

演説で強調しておられましたね。お考えのベースには、中央集権の統治機構は途上国に有効、先進国には地方分権のほうがふさわしいという一般論があるようですね。

小沢　近代以降はそういうことです。近代以前は、当然ながら地方分権です。

堀　ああ、それはそうですね。

小沢　歴史的にものを見る必要があると思うのです。近代国家の歩みとしては、最初は中央集権で統治機構を引き締め、産業を振興し、いろいろやっていくわけですが、それはその国の中にある多様性を封じ込めることになります。なにしろ、みんなの言うことを一つひとつ、「これもいいな、あれもいいな。おまえの言うこともいいな」とやっていたら、埒《らち》が明かない。一つの目的に向かって、ぐいぐい引っ張っていくのが中央集権です。

堀　言語をはじめとする文化もそうですね。世界には、特に途上国には、今なお言語的に分断されている国がたくさんあります。

小沢　かつてはヨーロッパでもそうでしたよね。

堀　はい、かなり強権的に言語を統一したということがありました。それは人びとを強引に「国民化」して束ねていく手段であると同時に、ネイションを枠組みとする民主主義の条件をつくるために不可避なことでもありました。

小沢　近代社会を成立させ、離陸させていく時期には、中央権力が引っ張っていかなければどうしようもないんです。ある意味では仕方がない。先進国に追いつけ、追い越せという時期、後進国は強い権力でもって人も物もすべて集中させ、産業をどんどん大きくしていく。ただ、それによって多くの貴重なものを失います。日本もそのプロセスを免れませんでした。廃藩置県に始まる挙国一致のおかげでキャッチアップには成功したけれども、それにはさまざまな行き過ぎがともなった。地方の伝統が破壊され、中央から押し寄せる画一化の波で、地方の多様なリソースが無にされる状況があちこちで確認されました。現在も、いろいろな意味で画一化し、全国どこへ行っても同じような町づくりになっていますね。中央の役所が同じメニューでもって全部やるから、結局、駅も町も何もかも同じになっている。しかも、その中でどんどん人口の都市集中が進み、地方が過疎化していきます。

ですから私は、中央集権による国家統治をもうそろそろ打ち止めにしていいと言っているんです。日本も後進国どころか、世界の先進国のうちでも注目される存在になったのですから、国内のさまざまな矛盾を解決するためにも、日本各地の伝統的な、あるいは伝統を生かした創意工夫の技術を利用しながら、振興を図っていくべきです。

●外国人のほうが日本の「地方」に目を向けている

堀　東北大震災の直後、東北所在の中小企業の技術が世界に直結していたことがわかりました。世界の自動車工場の製造ラインが止まりましたから。外国人でも炯眼《けいがん》の人はその点に注目しました。歴史家・人類学者のエマニュエル・トッドもその一人で、大震災の翌年に来日した折り、地方の名も知れない中小企業が世界で必須の部品供給を押さえているという事実こそ、グローバリゼーションへの日本人の対応の真骨頂だと言っていました。

小沢　そうでしょう。その強みをもっと強めるために、これからは地方に権限もお金も渡して、地域の特性、文化、伝統を活かした産業を生んでいくべきなんです。地域の実情に合った地産地消《ちさんちしょう》を基本とする新エネルギー政策を各自治体が推進することで、脱原発を現実的なものにすることができます。そうした特徴ある産業や新しいエネルギー政策は、地域に新たな雇用を生むはずです。

欧米では世界的に有名な企業の本社が首都でなく地方にあることも珍しくありませんね。日本では東京に本社が集中しています。なぜか？　もちろん、権力と権限が霞《かすみ》が関《せき》に集中しているからです。しかし、権限が地方に移譲されれば、企業もトップが東京に構えている必然性がなくなり、土地・人件費等のトータルコストを考えて地方に立地するケースが増えるでしょう。それにより、若年層の雇用が拡大し、地域への若者の定着が進み、地方が活性化する。

とにかく、現場に権限とお金があれば新しい雇用が生まれますし、雇用が生まれれば若い人も定着する。そうすれば、たとえば農村地域でも、若いうちは農作業の手伝いをしながら地元でサラリーマンをやり、歳をとって退職したら農業に専念するといったふうに、世代間の役割分担をうまくやっていく「兼業農家」を安定的に維持していくこともできます。私どもの岩手県から東京へ出てきている人のなかにも、仕事さえあれば郷里へ帰りたいという人が実はけっこう多いのですよ。

堀　文化面でも、どうかすると日本人よりも外国人のほうが、偏見なく日本の地方に目を向けているような気がします。私の馴染みの国であるフランスの人びとは、ここ四半世紀来、日本文化に非常に関心を示しています。彼らの目のつけどころは漫画とアニメだけじゃありません。たとえば数人のフランス人が連れだって飛行機で日本に降り立ち、どこへ行くかと思えば四国へ飛び、何日もかけてお遍路《へんろ》さんを体験するのです。彼らはしばしば、日本人が日本の表玄関だと思っている東京のお洒落《しゃれ》な界隈《かいわい》より、むしろ田舎《いなか》の奥深い所を調べて、知って、そういうものに対して意外に真剣な興味を抱いていたりします。日本の地方の文化的リソースは非常に豊かだと思います。

小沢 日本の伝統的な文化の一つの象徴として京都がありますね。あの京都が、近年たびたび海外の観光ガイド書に、世界でいちばん魅力のある都市として挙げられているそうです。外国人が日本各地の独特の文化・技術・芸能、そういうものに目を向けてきている。これをこれまでは、日本人自身があまりにも軽んじすぎていたと思います。

ともかく、このように私の主張する地方分権は、地方の現場への予算と権限の委譲です。そこには、エネルギー政策や食の自給など、食糧問題、農業問題、さらに景気促進・消費促進の根幹を成す雇用の問題など、日本が現在抱えている喫緊《きっきん》の課題を一気に解決できる可能性が潜《ひそ》んでいます。この分権化なしでは、いくら派手に「地域創生」を謳っても、事は進みません。逆に、分権を断行できれば、日本国民の底力が生きます。地域の活性化と全国の均衡ある発展が想像以上に実現すると思う。地方経済の活性化は、単に地方を元気にするだけでなく、日本全体の活性化にもつながります。私は、地方分権により二一世紀型の新しい日本を造り出すことができると信じています。

堀 私としては、経済活動だけでなく、学術や教育も東京一極集中を解消して地方へ分散し、各地域が競い合うようにしたほうが、日本全体としても強くなるのではないかと示唆《しさ》しておきたいです。たとえば大学のレベルで、東京大学だけを突出させるのでなく、地方の国立大学、とりわけ全国の要所要所に所在する旧帝大を、予算面でも、研究・教育スタッフの配置の面でも断然強化すべきだと思うのです。そうすれば、さまざまな領域で地方分権を担うエリートを各地方が自前で育成できるのですから。

●もっと小さくて強力な中央官庁を

堀　ところで、日本における地方分権構想の嚆矢《こうし》だったのは小沢さんですけれど、今では自民党も、他の政党も、こぞって地方分権を唱えています。「地域主権」などという、立法権と行政権を混同しているのであろう珍奇な言葉も飛び交うほどに、地方分権は政界のトレンドになっています。

その場合に語られているのはたいてい道州制で、そこにも小沢さんのビジョンとの大きな違いがありますが、実はもう一つ、小沢さんの構想には独特のところがあるように思います。それは、小沢さんの推奨する中央から地方への行政権限委譲が、本当に抜本的なものであるにもかかわらず、そのことによって中央官庁の管轄領域を狭めながら、中央官庁をその本来の役割において強化しようとする狙いをも持っているという点です。

重要なポイントなので確認を求めますが、小沢さんの主張は、中央官庁などは弱体化してよいということでは全然ないですよね。

小沢　もちろん、そうではありません。

明治以来の中央集権、官僚統制、これは戦後、敗戦にもかかわらず生き残りました。アメリカとしても官僚を活用したほうが統治しやすかったのでしょう。現在では、かつて以上に国民の生活の隅々にまで官僚の力、規制が及んでいます。自分は関係ないと思っている人でも、いざ何かしようとすると必ず役所の何かが引っかかってきます。国の官僚が必要のないところまで全部規制しているんです。ですから私は、新しい時代の活力を生かすように地方へ権限を移せと言っているのですが、だからといって、中央の官僚は要《い》らないと言っているわけじゃないんです。

堀　そうですね。別に霞が関の官僚を攻撃しているわけじゃない。

小沢　そうじゃないです。中央の役所の人間は本来の役目、役割をちゃんと果たすことに集中しろと言っている。今のように地方の市町村の細かいことにまでいちいち干渉して、補助金は一〇〇万までだ、二〇〇万までだと、ぜんぶ中央の役所でやる、そんな必要がどこにあるんだ、そんなの地方に任せちゃえと。中央官庁には、全国一致して動かなければならない国家の危機管理をはじめ、果たすべき重要な任務が他にあるという含みです。「大きな」中央官庁は要らない。「もっと小さくて強力な」中央官庁が要るんです。その他の日常の個人の生活や地域社会のことについては、全部地方自治体に任せろと。これがいちばん地方を活性化させます。

ついでに言えば、国政に関与する政治家も同じです。国政レベルの政治家は国のことをやれ、自分の地元に根を張り、地元の声を聴き、それを背景にすることは大事だが、自分の選挙区の細かい世話ばかり焼いていてはだめだ、というのが私の考え方です。

堀　小沢さんの地方分権ビジョンが、すでに成立している国民国家日本の枠の中で、中央と地方の両方を一挙に、それぞれの役割において強化しようとするビジョンだということを了解しました。

●道州か、基礎自治体か

小沢　それと、さきほど言及のあった道州制ですがね、道州制、道州制と言う人たちに、道州というのはどういう性格のものですかと僕は聞くんですよ。今の地方自治法で言う自治体なんですか、あるいはそれとまったく違うものをつくるんですか、とね。すると、誰も答えられないんです。中身のことを考えないで、ただイメージで道州制、道州制と言っている。僕は道州制というのを、中身さえきちんとすれば悪いとは思っていません。だけど、現状の行政システムで道州制をやれば、ますます官僚統制を強めるだけだと思います。

堀　それはどうしてですか。

小沢　たとえば北海道だ、東北だ、関東だといって、道州制でどうやって首長を選びますか。どうやって議員を選びますか。事実上、やはり難しいですよ。それでもって広域行政をどうするのか。また、どういうスタッフを使って、どういう機構で道州を営むのかということもまた、大問題でしょう。

これまでの県庁の役人を使えばいいと言ったって、県庁の役人は自分の県のことしか分からない。逆に、中央の役人を使うとして、中央の役人が道州に派遣されたら、結局、中央官庁の支配が強まるだけです。だから道州をどういう性格のものにするかということが重要で、しかもそれは単に行政効率だけの問題ではないのです。国家のあり方、民主政治のあり方をも左右する問題です。

まずは、現状の二重、三重、四重の行政を簡潔にすることを考えたい。今は市町村、都道府県、それから国の各ブロックの出張所、そして最後に霞が関と、行政が四重になっているんです。そんな無駄なことはやめろと言いたい。国は国のことをやる。地方は、本当に地方の行政をやる単位の地方自治体にしてしまう。僕が思うには、その数、三〇〇か四〇〇。

堀　基礎自治体ですね。

小沢　そうそう。地域のことは基礎自治体に任せろというのが僕の考えです。

堀　つまり、四重構造をやめて二重構造にするということですね。

小沢　そう、二つ。国家と基礎自治体。

堀　なるほど。そうでなければ、地方分権をやる意味がないと。

小沢　と思います、僕は。

堀　漠然としたイメージだけで道州制を敷くと、変な地方ボスもできてしまうかもしれませんね。

小沢　いや、たいがいは官僚ですよ。官僚に支配されます。

堀　官僚制が道州のレベルでも敷かれ、今日にもまして蔓延《はびこ》るというわけですか。

小沢　ええ、道州制を唱える人がどういうことをイメージしておっしゃっているのかわからず、良し悪しはその中身によるのですが、今の行政の仕組みを前提にして、ただ単に都道府県を廃止して道州を設置するということだと、結局、官僚支配が強まるだけです。

堀　実は先日、みんなの党[*44]と維新の会[*45]が二〇一三年の第一八三通常国会に提出した「道州制への移行のための改革基本法案[*46]」を読んで、その概要説明チャートなども見たのですが、具体的なことはさっぱりわかりませんでした。

小沢　中身がはっきりしていないでしょう。そこがすっきりしたものであれば、別に僕は反対ではないんです。一案として考慮するにせよ、今の統治のあり方をそのままにしての話なら、屋上屋《おくじょうおく》を架《か》すの話で、官僚統制を強めます。

●租税の徴収権と配分権という問題

堀　根本的な論点の一つとして、税の徴収権と配分権の問題が浮かび上がるだろうと思います。というのも、くだんの基本法案が、税制の抜本的見直しにより「道州及び市町村がその地域の実情に応じて自主的に課税を行うことができるようにする」、「道州間における財政の調整については、道州間の協議を基本として自律的に行う制度を設ける」と提案しているのです（前掲「道州制への移行のための改革基本法案」第七条）。同様に、自民党のホームページに載っている「道州制基本法案（骨子案）[*47]」も、道州に「必要な税源を付与す

＊44　二〇一四年一一月二八日解散
＊45　二〇一四年七月三一日にいったん解党し、再設立ののち、九月二一日に結いの党を統合して維新の党へ党名を変更した
＊46　衆議院公式ウェブサイト内、左記ＵＲＬ参照
http://www.shugiin.go.jp/internet/itdb_gian.nsf/html/gian/honbun/houan/g18301046.htm 参照
＊47　https://www.jimin.jp/policy/policy_topics/118427.html

るとともに、税源の偏在を是正するため必要な財政調整制度を設ける」としています。
つまり、国家の権限の多くを道州に委譲し、税金を集めるほうも道州でやるんですね。ところが、東京や大阪は豊かですが、貧しい地方だってあります。そうすると当然、歳入の格差がものすごいことになります。そこで、何らかのルールを決め、豊かな道州がその徴収した税金の何割かを貧しい道州に融通してやる仕組みにするというのです。これは恐ろしい……！

小沢　そうすると、私の出身地のような東北は担税力《たんぜいりょく》、税金を納める力が弱くて、お金がないですから、東京に来て頭を下げて頼み込むという話になっちゃいますね。自治体間、あるいは道州間に歴然たる格差がある中で、依存関係を生んでしまうシステムはどうかと思います。

現在のところ、田舎で税金を取ろうといったって、そんなに払える人がいないのです。地方分権を徹底し、地方にもっともっといろいろな産業や文化を振興させることによって人口が増加し、力も蓄積して、全国が平均的なレベルに達すれば、徴税権も最後には各地方に与えていいでしょう。だけど現段階では、そうなるまでの経過措置として、やはり租税は中央で集め、それを細かい口出し抜きで、まとめて自主財源として各地方に配分するという形をとらないと、かえって道州間のギャップや地域ギャップが大きくなるというふうに思いますね。

堀　日本の地域格差が大きくなるようなタイプの道州制をやったら、国内に、スケールこそ異なりますが、現在のヨーロッパのユーロ圏のあり方に類似した状態が生まれかねないと思います。ユーロ圏では経済力が平均化していないんです。だから今、ドイツはほとんど支配者ですよ。

小沢　ぼんぼん儲《もう》けて……。

堀　儲けています。特にEU域内の自由貿易で儲けています。そしてその支配下、フランスが、フランスらしくもなくドイツの従順な部下みたいに振る舞い、そして本当にギリシャやスペインやポルトガルが困り果てています。ヨーロッパ統合の理想は多様性の融和の理想であり、対話と平和の理想であって、それが続いていたのに、今では単一通貨ユーロが軛《くびき》になって、実は各国がひどく反目し合っている状態なんです。[*48]

＊48　トッド（エマニュエル）『「ドイツ帝国」が世界を破滅させる』堀茂樹訳、文春新書、二〇一五年などを参照

つまりギリシャは、ドイツにある意味で助けてもらわなければならない。ドイツやフランスの銀行がいっぱい金を貸したのが悪いのですけれども、そういうことがある。そうすると極端な依存関係、支配関係になるので、きわめて不健全なんです。緊縮に次ぐ緊縮を強いられるギリシャ人のほうにはドイツに対するものすごい反感がある。ドイツ人の側では、いわゆる上から目線でギリシャ人は自助能力がない、甘えていると見る。

小沢　ユーロでも、本当に通貨だけじゃなくて徴税権もみんな一緒にして、しかも予算作成も一つにまとまってやれるというのなら話が別ですけれども、財政はそれぞれの国のもので、しかも金融は自由にならないわけですから、そうすると歪みは膨《ふく》らむばかりで、ご指摘のような問題が避けられませんね。

堀　はい。ですから私は、日本でも当分の間、国家が徴税権の大半を確保したほうがいいと思います。なぜ国かというと、現時点で日本では、たとえば九州や沖縄の事象を、東北の人、北海道の人が自分たちの国のことだという意識で受け止めます。これが国民意識です。EUにはそれが欠けています。控え目に言って不十分です。ヨーロッパ人意識はそこまで濃厚ではないのです。ですから、日本は国民の共同意識をベースとして大切にしつつ、かつ地方の多様性を活かすというビジョンが望ましいかと。

小沢　本当にそうだと思いますね。やはり日本は昔からおおむね一つにまとまって歩んできた社会ですから、僕はそういうところであえて溝というか、格差というか、そういうものを大きくするやり方は賢明ではないと思いますね。

堀　地域間格差を大きくするのはよくないし、階層間格差を大きくするのもよくない。

小沢　国民の一体感は重要です。気持ちが分断されてしまうと、民主主義も健全に機能しません。

●政治生活の活性化

堀　小沢さんの地方分権ビジョンは、実現すればきっと人びとに経済的な益をもたらすに違いありませんが、国政レベルと地方行政レベルの両方を視野に入れ、かつ明確に区別するという点で、自由の概念を中心にデモクラシーのあるべき姿を考える政治哲学にとっても、すこぶるエキサイティングです。

少しだけ政治思想史を振り返らせてください。一八一九年にフランスの思想家バンジャマン・コンスタンがある画期的な講演*[49]で、「近代人の自由」と「古代人の自由」を対照しました。そこで「近代人」とは、狭義には政治的近代を経験した十八世紀頃からのヨーロッパ人、「古代人」とは古代ギリシャ・ローマの共和国市民を指していましたが、肝腎なのは、近代人的な自由の意識と古代人的なそれの特徴づけと区別でした。コンスタンによれば、近代人にとって自由とはまず何よりも私的生活領域で享受する絶対的自由、すなわち「個人的自由」です。一方、古代人は個人としては全体社会に埋没していたので、個人的自由を知りませんでしたが、その代わり、社会共同の権力に参加する「政治的自由」を喜びをもって行使していました。近代人においては、政治的自由の行使は個人的自由を保障する手段であり、同時に、ややもすれば私生活圏に閉じ籠もりかねない個人を公共性へと開く手段である限りにおいて価値を有する、という位置づけになりました。[*50]

コンスタンのこのような知見に依拠《いきょ》すると、近代デモクラシーの諸価値における目的と手段の関係や、政治参加の意義がすっきりと見えてきます。個人的自由を聖域として、国家権力を含むどんな社会的統制力の介入も許すまいとするのが自由主義です。しかし、集団的自律に参画する政治的自由の行使こそが民主主義のエッセンスと考えれば、市民参加型の共和主義的デモクラシーを採ることになります。両者は背反するわけではありませんが、互いにせめぎ合う関係にあるとは言えます。個人的自由一辺倒では、個人が個人にとどまって市民として立ち現われず、人民の統治としてのデモクラシーが成立しません。他方、政治的自由にも、自制を失えば自らの目的であるはずの個人的自由を侵害するリスクが潜んでいます。

小沢　うむ、なるほど。

堀　では、どんな解決策が有力か。これまたフランスのアレクシス・ド・トクヴィルが一八三五年に第一巻を、四〇年に第二巻を上梓した名著『アメリカのデモクラシー』[*51]を参考にすると、国政で自由主義型を採用し、地方行政では市民参加型を実践するという解決策が浮かび上がってきます。たとえば安全保障とか、警察権とか、そういうものに市民が直

＊49　コンスタン（バンジャマン）『近代人の自由と比較された古代人の自由について——一八一九年、パリ王立アテネ学院における講演』大石明夫訳
http://www.chukyo-u.ac.jp/educate/law/academic/hougaku/data/33/3=4/oishi.pdf

＊50　二十世紀には、ラトビア出身のユダヤ系イギリス人政治哲学者アイザイア・バーリン（一九〇九〜九七年）が、「消極的自由」と「積極的自由」、「〜からの自由」と「〜への自由」という言葉で、類似の区別を示した

＊51　第一巻上・下、第二巻上・下、松本礼二訳、岩波文庫、二〇〇五年〜〇八年

接参加するわけにはいかないので、そこいらは中央政府でやって、しかし中央政府の権限はきちっと限定しておく。その一方で、大胆な地方分権に踏み切った上で、地方行政には市が個人的にであれ、ＮＰＯのようなアソシエーションを通してであれ、多かれ少なかれ直接に参画するという方式です。

間接民主主義と親和的な自由主義的デモクラシーと、直接民主主義に接近する共和主義的デモクラシーを組み合わせるこの解決策に、小沢さんの地方分権論は合致しています。ということは、経済や産業を旺盛にするのみならず、民主主義を深化させて、日本の政治生活を活性化させることにもつながりますよ。

●「補完性の原理」とは何か

小沢　なにしろ、国政と地方自治の役割分担をきっちりと線引きすることが、全体のプランの要《かなめ》です。国家であれ、地域であれ、有権者の代表である代議員と、首長と、行政機構で働く官僚という専門家集団が必要です。そうすると、その弊害を除くと同時に、効率的、機能的にするためには、やはり適切な役割分担以外にないでしょう。

たとえば、予算策定の面でも、一般の人は霞が関の役所で何がどう処理されているのか、事の中身をつぶさに知るすべがないですよね。何やっているんだか、わからないわけです。実情をいえば、政治家だってわからない。官僚たちが、たぶん所管大臣にさえ本当に大事なことは伝えないからです。実際にはそれくらいにクローズドな官僚権力の下で政治が左右されているんです。

ですから僕は、二〇〇九年に無駄金はいくらでもあると、無駄を省けば当面のお金くらい、いくらでも出ると言っていたんですが、民主党政権になってからは、党内でも、マスコミでも、「いや、財源はない、ないものはない」って断言し始め、小沢は変なことばかり言うといって、首相や財務相が役人の勧めるとおりに消費税率アップを決めたのです。ところがどうですか、自民党が政権に戻ったとたんに政府は遠慮会釈《えんりょえしゃく》なく財政支出しているでしょう。

堀　どんどん国債を出しています。二〇一四年度の当初計画では、新規発行に復興債、特例債、借換債《かりかえさい》を合わせて総額一八〇兆円突破です。

小沢　国債を発行する前に、役所の財布に貯まっているものを取り出せばよいのですけれど、それが分厚いヴェールに覆《おお》われているので、一般国民の皆さんには手が届かない。われわれ国会議員でさえ手が届かない。

ところが、そのお金を権限と一緒に地方に移してしまえばどうなるか。お役所の担当者はやはり多かれ少なかれ、隠そうとするでしょう。けれども地方だと、毎日国民の皆さん、住民の皆さんの目の前でやっているわけですから、監視の目が届きやすい。霞が関だと敷居が高すぎるが、自分の町の市役所でのことなら、何をやっているんだ、あれは変じゃないかとか、住民の皆さんのチェック機能が働く。そういう意味からも、住民参加のいい面が出てきます。雇用の問題等々も当然あるんですけれども、行政の透明性という面でも、私は地方分権がいいと思っています。

堀　私は大学で若い学生と付き合っていて、今の若者にチャレンジ精神も、社会貢献の意欲も実は欠けていないと思っています。彼ら・彼女らが、この世に生まれてきたからにはいっちょやってやろうという気持ちで行動し、手応えが得られるのは、実は身近で具体的な地域においてだろうと思います。それぞれの地域に独自の権限と財源さえあれば……。

小沢さんの考えはつまり、基礎自治体でできることは全部、中央官庁の指図から解放された基礎自治体でやる。その前提の上で、基礎自治体でできないこと、つまり国家でしか担えないようなことだけを国家がやる、ということですよね。

小沢　はい。

堀　それはまさに、プリンシプル・オブ・サブシディアリティ、すなわち「補完性の原理」の適用ですね！　補完性の原理は、ヨーロッパ統合の過程でもキーワードになった概念です。

小沢　ほう。

堀　ただ、ヨーロッパ統合は、地方分権化と正反対で、国民国家の主権の大きな一部分をEUの中央へ移したわけです。ですからEUは、下位から上位への権限委譲において、補完性の原理をいわば統合の行き過ぎに対する歯止めとして用いたのです。しかし、ユーロの画一主義がそれをぶち壊しました。私の印象では、今のEUでは、補完性の原理は「民主主義の赤字」のボロ隠しにしかなっていません。

それはともかく、地方分権化の原理としては、身近なところでやれることは全部、身近なところで自立的にやる。それが担えないところは上のレベルでやるというこのプリンシプルは、政治の規範という観点から見ても、民主主義そのものです。

小沢　しかも、実際に日本の多様性を活かすし、みんなのやる気を引き出すし、地方の活性化につながりますよ。

●雇用の安定か、労働市場の流動化か

堀　地方分権とも関連するのですが、雇用状況の改善は政治の責務だと思います。アベノミクスで求人が増えたと宣伝されているのですが、非正規雇用のケースが多く、かつその割合が増えています。

小沢　今の産業競争力会議とかね、ああいうところから繰り出される答申や報告のたぐいによれば、安倍政権は明らかに、正規社員は一部のエリートだけで、あとはほとんど非正規社員という雇用状況を将来像として描いていますね。今でも非正規の割合が四割くらいですか。これをもっとどんどん増やそうと、内閣が率先して旗を振っている。

堀　非正規化は労働市場の流動性を大きくすると言うんですよね。流動性拡大によって、成長産業のほうへ人が行くようにすると。

小沢　流動化というのは、プラスの面ばかり強調すれば、なるほどということもありますが、とりもなおさず不安定化です。雇用の流動化がもたらすプラスとマイナス、それから雇用の安定化がもたらすプラスとマイナス、両方を勘案する必要があります。

堀　両方に、プラス・マイナスがあると……。

雇用の流動化は日本社会の不安定化をもたらす

小沢　そう思いますよ。日本社会というのは、蛸壺《たこつぼ》と言われているようにタテの社会ですから、ある程度ヨコの動きができるような社会にしていくということは、僕は大事だと思っている。ただし、どちらかといえば、そして全体としては、日本社会では雇用の安定化がもたらすプラスのほうが大きいでしょうね。

もちろん自由主義経済ですからね、やれる人は自由にやればいいんです。高度の能力があって、あちこち転職してでも自分に合った仕事を見つけていける人がそうする自由は当然保障すべきです。しかし、ある会社に所属し、忠誠心をもって働きたいと思っている人に、会社の側が使い捨てのような待遇をちらつかせたら、そこで一所懸命やるという気持ちが失せるでしょう。日本人の場合はそういう傾向が強いと思うので、安倍内閣の進めている雇用の流動化、雇用の不安定化は、日本社会自体の不安定化につながるんじゃないでしょうか。そういうことで、心配しています。

堀　なるほど、われわれの与件《よけん》である社会文化を踏まえて適切な策を取るべきだということですね。

小沢　第一、非正規雇用では賃金も伸びないし、将来不安にも影響されて購買力が縮まり、日本全体の個人消費も減るでしょう。

堀　以前は企業が国内でまともに労働者を雇い、給料を払い、給料が増えていくことによって需要も活性化されていくというロジックで国内経済が回っていました。ところが、グローバル資本主義の論理では、売るものは海外で売れればいいという発想になります。いきおい、手っ取り早く利益を上げたい株主と経営陣は、労働力を単なるコストのように見なすようになります。かくして、特に大企業などはコスト削減のために雇用をなるべく非正規にもっていこうとします。

しかも現政府は、雇用調整助成金[*52]を減らす一方で、労働移動支援助成金[*53]、これは、大中小の企業が社員をリストラして、その再就職斡旋《あっせん》を株式会社パソナのような人材派遣会社に委託した場合に、その委託料を大きく補填《ほてん》してやるという驚くべき制度ですが、先頃、大幅に拡充しました。これをリストラ促進・雇用の非正規化促進の補助金と見なさないのは難しいと思います。

●アベノミクスは危険な政策──新自由主義の「規制撤廃」にノー

堀　こうして現政権は、一方では個人の政治的自由に敵対的なナショナリズムに感染しな

＊52　経済上の理由で事業縮小を余儀なくされた事業主が一時的な雇用調整（休業、教育訓練または出向）の実施で従業員の雇用を維持した場合に支給される助成金

＊53　労働者を離職させる事業主がその労働者の再就職支援を民間の職業紹介事業者に委託した場合に、その事業主に支給される助成金。二〇一四年三月一日に大幅拡充され、転職者一名につき委託総額または六〇万円のうち低い額が上限支給されることに、また、転職が成功しなくても職業紹介業者に委託しただけで一〇万円が支給されることになった

がら、他方ではグローバル資本主義におもねり、個人の経済的自由を全面的に解き放とうとするネオ・リベラリズム、すなわち新自由主義に走っています。

しかし、このような政治をおこなう新自由主義が、果たして本当に市場原理主義なのでしょうか。理論上、市場原理主義のビジョンは、バラバラに独立し、他に依存しない個が単位です。そうした個をあらゆる公的規制の縛りから解放し、それぞれが目的合理主義的に動いてもっぱら自己利益を追求するように放任しておけば、市場自体に内在する論理に導《みちび》かれて社会全体が結局は予定調和し、繁栄すると信じるビジョンです。私はそんなものは信じませんけれども。

ところが、現政権が実行している新自由主義的政策はたいてい、国家が市場への介入を控えることで市場メカニズムを生かすどころか、むしろ国家が臆面もなく介入することで、もともと富裕層や大企業などの強者に有利な市場メカニズムを強化徹底する措置なんです。私の眼には、超富裕層が政権を使って仕掛けている、寡頭《かとう》支配のための「階級闘争」のようにさえ映ります。

そうだとすれば、逆に勤労階級の正規雇用をある程度しっかり固めるためにどうしたらいいでしょうか。国家が、つまり政府が、市場や民間に介入すべきでしょうか。

小沢　僕は、国家を代表して政府が関与すべきだと思います。関与しても、別に計画経済をやるわけではないので、自由主義経済の原則を侵すことになりません。

自由は人類にとって最も大切な価値であり、否定したらすべての前提が成り立たなくなります。しかし、だからといって偶像みたいに祀《まつ》り上げ、野放しにしたのでは、社会が弱肉強食になってしまう。それを回避するために、人類の叡智《えいち》として、社会主義的な要求を部分的に受け入れた修正資本主義が生まれたのです。それなのに、今の安倍内閣が「アベノミクスの第三の矢」などと称している成長戦略は、大多数の国民の生活を守ってきた雇用や農業・漁業、医療等々のセーフティネットを撤廃しようというものです。十九世紀以前の原始資本主義社会に戻そうとしているようなものですから、非常に危険な政策です。これを後押ししているのが「グローバル化」というスローガンですが、それなら、日本がグローバル化の波に対処するためにも、民主主義を強化して国民経済の土台を守っていく必要があります。

話を雇用の正規・非正規の問題に戻すと、まず、税制面で正規雇用をちゃんとやる企業を優遇できるでしょう。さらに、みんなのためになる規制はあっていい。だから、たとえばクォータ制みたいにですね、諸外国でも日本でもやっていますが、障害者を雇えとか、あるいは多民族国家ではマイノリティを雇えとか、社会的に不利な立場にある人を雇えというのは、国が規制によって定めています。私はその意味でこの問題についても、これこれの会社が運営を維持していける社員数はこれこれというようなところから割り出して、正規雇用のクォータ制をやるべきだと思いますね。さらに景気がよくなったときに、臨時に人をもっと雇うというのは、それはもう自由でいいのですけれども。

堀　しかし、かつて小沢さんも『日本改造計画』では、無駄な規制の撤廃を強く主張していたわけですよね？

小沢　もちろんです。私は無駄な規制をなくせと言ったのですよ。不必要な規制はないほうがよく、そのような規制の撤廃はできるかぎり推し進めるべきです。今でも私は、当然、そう主張します。その意味では昔も今も、私は自由主義者なのです。

けれども、さきほどの繰り返しになりますが、みんなの共生のために必要な規制は、人類の知恵なのです。公正さ確保の仕組みや、みんなが生存するためのセーフティネットは、民主主義、資本主義を生き残らせるために役立ってきた規制です。それなのに、そんな規制も取っ払う、自分で生き延びられるやつだけ勝手に生き延びろ、あとは知らないというような、政治とは呼べない政治、それが皆さんのおっしゃるネオ・リベラリズム、新自由主義であるのなら、昔も今も、私は新自由主義者ではありません。

堀　実はそのとおりですね。一九九〇年代の初めから四半世紀、政治家・小沢一郎が転向したのではなく、政界の主流が変わったのだと思います。しかし、一冊の本を、その本に寄り添うようにではなく、自分勝手に「読む」人、自分が読みたいものを「読む」人が多いですからね。今日、いわゆる政治通の人ほど、『日本改造計画』の頃の小沢さんは社会保障やめろくらいのことを言っていたかのように吹聴《ふいちょう》していますよ。世間の側に、大いなる誤解というか、むしろ浅はかな早合点があるように思います。

小沢　だけど『日本改造計画』の当時、集まってあの本を準備した仲間の頭の中にあったイメージは、官僚の規制があまりにも多すぎる。ごちゃごちゃごちゃごちゃと個人の生活に干渉するようなパターナリズムが多すぎる、そんなのはみんなやめてしまえということであって、社会的連帯をやめろ、社会保障をやめろ、というような話ではまったくなかったですよ。その当時、何でもかんでも撤廃すればいいということではなかった。当時の私の主張を、その後首相になった小泉さんや安倍さんの先駆けであったかのように言うのは、その後の風潮を投影してそう言うようになったんじゃないですかね。

堀　小泉さんや安倍さんが、小沢さんのキーワードの数々を流用しましたからね。

●安易な移民導入は「不遜《ふそん》な考え」だ

堀　雇用といえば、少子高齢化による労働力不足の問題に触れないわけにいきません。

小沢　財界が、人手不足を補《おぎな》うために移民を入れようと言っていますね。僕は、あれは実に不遜な考えだと思っているんですよ。

堀　不遜な考え……。

小沢　ええ、そうです。彼らの言っている移民受け入れは、単なるコストの削減のために、他の国の人間を入れるということでしょう。ありていに言えば、外から安い人間を買ってこいみたいな話、奴隷を買うみたいな話ですよ。それはものすごくいけないことだと思うんです。

堀　つまり、移民を単なる道具のように見なし、人間の尊厳を軽視しているということですね。

小沢　途上国の人たちにいろいろな技術を教えるという意味で、修業の場を与えるのは積極的にやるべきだと思うけれども、ただ単に労働力が不足だから入れるというのは、本当にいけない。

堀　ヨーロッパでもその問題が深刻です。ヨーロッパというと、日本ではすぐ「移民排斥」が話題になり、もっぱら観念的に、もっといえば妄想《もうそう》的に語られがちですが、現地で暮らしてリアルな現実に触れてみれば、大いに見方が変わります。まず、移民が入って来ることには、労働力不足の解消ということを超えて、さまざまな文化的背景を持った人の流入により、受け入れ国の文化が内側から押し拡げられ、より豊かに成長するという面もあることがわかります。同時に、融和的な共生を実現するために払わなければならない社会的なコストが高いことも実感します。

　実際、フランスでも、ドイツでも、イギリスでも、その他の国々でも、移民に冷たい社会的現実が存在する一方で、政府をはじめとする公の機関が移民の人たちのなるべくスムーズな社会統合のために、それぞれの国のやり方でどれほど努力しているか、今の日本人の大多数の感覚では到底、想像がつかないと思います。私の狭い知見の範囲からの推測ですが、日本へ移民労働者を入れようと旗を振っている人たちは、倫理的なこと、社会的なことはほとんど何ひとつ考えていないと思います。

小沢　狭い意味での経済の論理に乗っかっているだけでね……。彼らの頭にあるのは、自分たちの当面の企業経営だけなんですよ。

堀　そうすると、移民を導入して一〇年、二〇年、三〇年したら、社会的軋轢《あつれき》が現われてきて収拾がつかなくなります。

小沢　社会保障関係費だってものすごく増えますしね、コストはたいへんなんです。

堀　私はかつてフランスで暮らして目《ま》の当たりにしたのですが、外国人が合法的に滞在している場合は、社会保障から何からすべて国が保障するわけです。国民と同じ政治的権利は与えないのですけれども、相手が人間である以上、民事的・社会的権利はすべて平等に認める。人権尊重とはそういうことであって、それが当たり前の原則なのですが、日本の移民導入推進論者の圧倒的多数はそのことすら前提していないんじゃないかと思います。

●少子化は克服できる

小沢　移民論議の背景は少子高齢化でしょう。現在の出生率が一・四いくつで、今のままでは人口を維持できないばかりか、四〇年後に半分？　一〇〇年後かな？　とにかく日本人が急速に減っていくと聞きますね。しかし、少し長期的な話になりますが、きちんと子どもを産み育てられる環境を社会が用意すれば、人口は絶対増えますよ。子どもを産むのは女性ですから、女性がちゃんと産んで、育てて、仕事をしたい人は仕事をして、という社会のシステムを作ればいいんです。二〇〇九年の民主党マニフェストに沿って日本はいったん子ども手当を創設しましたが……。

堀　子ども手当については、当時野党だった自民党だけでなく、マスメディアが口を揃えて「ばらまきだ、ばらまきだ」と言い募りました。

小沢　そう、それで今は自民党政権になり、子ども手当がなくなりました。

堀　それから、なんだか、子どもの出産・育児に公金を給付するのが道徳的でないかのような偏見が根強くて、「お金だけの問題じゃない」などという言い方で子ども手当を貶《けな》す人が後を絶ちませんでした。

小沢　お金だけで解決できる問題でないなんて、そんなことは言われなくてもわかっています。保育園・幼稚園の待機児童問題をはじめ、そういったたぐいのことも全部きちっと整備していくことが必要です。だけど、育児や教育に金がかかるのは事実だし、意識的にもですね、やはり国家や社会が具体的な費用の面に目を向けてくれるということは、当事者を非常に勇気づけると思いますよ。ヨーロッパ、特にフランスでは、日本よりもずっと高い金額を国庫から出しているでしょう。

堀　そういう面での日本のけちくささとは比べものにならないです。

小沢　フランスは出生率が二・〇を超えましたね。

堀　フランスが約二・〇、イギリスが約一・八で、いい線を行っています。ドイツとイタリアは日本と同じくらいの出生率で低迷しています。面白いことに、仏、英、独という順番は、女性の就労について社会に肯定的意見が多い順番と、実際に女性の就労率が高い順番とに一致しています。イギリスは一〇代の出産が多すぎる点に少し問題があるのですが、フランスの女性はほとんど二〇代後半から三〇歳前後で子どもを産んでおり、少子化対策でフランスが成功しているのは確かです。

それから、目覚ましいのはロシアです。あの国はこの頃、強権的なことも含めていろいろな意味で復活してきていますが、ソ連崩壊の混乱の中で一・三くらいまで落ちていた出生率が、今や一・七まで回復しました。あれを見れば、日本だってやれないことはないと思うのですが。

小沢　いや、できます。絶対にできますよ。

フランスの例も、ロシアの例もそうだと思うのですが、社会の安定と物質的な余裕を確保することが先決でしょう。まずさきほど論じた雇用の安定です。若者だって定職がなければ結婚できないだろうし、まして子どもをつくろう、育てようという気になれないでしょう。それから、赤ちゃんの小さいときの育児環境としての保育園・幼稚園の整備。そして次に教育や文化施設、あるいは娯楽施設も含めてそういうものがないと、実際のコミュニティは成り立ちません。子ども手当のような給付の拡充と、権力と財政を各地方に移す地方分権、これを断行すれば、時間はかかるけれども、きっと少子化を克服できます。

●日本の農業をどうするか

堀　いずれにせよ、泥縄《どろなわ》式の移民導入に走るより、真正面から少子化克服に取り組もうというのは、いかにも小沢さんらしい姿勢だなと思います。

ところで、地方分権と大いに関係することですが、少子化は地方の過疎化というかたちでも現われてくるので、日本の農業をどうするのかという問題につながっていると思います。

小沢　はい、農業・林業・漁業は地方の地域社会維持に直結しています。自民党は農業所得を倍増させると謳うけれども、その政策は、競争原理優先に走って日本の地域社会を崩壊させる本末転倒です。

簡単に説明しますとね、日本の農家の平均耕地面積は反別《たんべつ》*54で、一戸あたり約一町歩《ちょうぶ》*55です。私は純農村に生まれましたが、それでも二町歩しかありませんでした。海外に目を向けると、ヨーロッパの主要国では一戸あたりの平均耕地面積が二〇から三〇町歩もあります。イギリスで日本の三五倍、ドイツで二五倍、フランスで二三倍なのです。ちなみに、それがアメリカでは七五倍にもなります。オーストラリアにいたっては一三〇〇倍です。

このように、日本では小規模な農業経営が主体なんです。そこで自民党の農業政策はこうした農家を切り捨て、大規模化・株式会社化によって効率化を図ろうとするわけです。ところが、その主張のとおりにすると、たとえば三〇町歩の耕地面積を確保するためには、農家三〇軒のうち一軒だけを残すことになります。法人がよそから参入するとなると、農家は一軒も残りません。これでは、戦後の農地解放をご破算にして戦前の大地主制度に逆戻りですね。みんな、小作人になってしまう。仮にみんなが農業を離れ、その労働力を他の産業で吸収できたとしても、その地域は過疎化し、地域社会はもはや成り立ちません。

そもそも日本は可住地面積が少なく、また耕作地も狭いのです。そうである以上、大規模化にも限界があり、それによる農業の生産性向上は難しいというのが私の見方です。もちろん、生産性を上げる努力はつねに必要ですよ。日本の技術力を注ぎ込めば、農業にもかなりの競争力がつくと思います。それを大前提にした上で、私が考える農業政策は、むしろ小規模経営を基本とし、いかなる状況でも生産を維持していくことができるように戸別所得保障制度を設ける、というものです。この制度を国民全体で支えれば、農産物の貿易自由化を進めても、いざというときの農家のセーフティネットになります。

堀　それは、ひいては日本のセーフティネットでもありますね。食糧自給の観点から見て……。

小沢　そのとおりです。日本の食糧自給率をカロリーベースで見ると、一九六五年頃には七三％ほどあったのですが、今は約四〇％ですね。日本と対照的に推移してきたのがイギリスでね、あの国は一九六〇年代の初めには食糧自給率が四〇％をわずかに上回る程度だったのですよ。それが八〇年代以降は七〇％前後を維持しています。近年、ドイツの食糧

＊54　尺貫法で、田畑や山林の地積には町・反・畝・歩を用いる
＊55　「ちょうど一町」という意味で、約一ヘクタールに相当する

自給率は約九〇％、アメリカやフランスにいたっては、一三〇％前後に達しています。韓国は約五〇％しかないですが、それでも日本を一〇％上回っている。ですから、日本の食糧自給率は主要先進国と比べて極端に低いのです。

では、なぜ、農家一戸あたりの耕地面積があれほど広い欧米諸国が、さらに補助金を出してまで自国の農業を護《まも》り、自給態勢を維持するのか。それは地域社会を守り、国土と社会を安定した、均衡あるものにしていこうと考えているからでしょう。自民党の農業政策に抜け落ちている考え方です。

●高齢者と生き甲斐

堀　しかし、そこにも少子高齢化の不都合が関与してくるのではないでしょうか。日本では農業従事者のほとんどが高齢者で、若い担《にな》い手がいないと言われていますよ。

小沢　それは事実ですが、私はそれでもやっていけると見ています。若い人は折々に農作業を手伝いながらふだんは地元でサラリーマンをやり、歳とって退職したら農業に専念すればいい。こうして世代間で役割分担をすれば、安定した健全な兼業農家を営むことができます。高齢者の雇用対策にもなるし、若いうちは企業や役所で働けるのも魅力でしょう。私はこういうのが日本の農林漁業一般について言える、現実的にベストなシステムだと思っているのです。

堀　高齢者にも働いてもらうことを想定しているのですね。

小沢　今日、ある意味で日本の老人は元気でしょう。元気な老人を利用しない、活用しないという手はないんですよ。六〇歳でみんなが仕事をやめて、ぼーっとしていたら、どこか悪くなってしまいますし、医療費ばかりかかるという話になるでしょう。だから医療費も、今ものすごく重くなってきているのは老人医療の費用ですよ。

それに、欧米人は歳をとると早く引退して年金生活をしたいということのようですけれども、日本人の場合はたいがい死ぬまで生き甲斐を持って働きたいという人のほうが多いんじゃないですかね。

堀　いろいろなアンケートの結果、日本の高齢者の多くがいちばん欲しがっているのは、健康それ自体よりも生き甲斐であるらしいです。

小沢　そう、生き甲斐なんですよ。それは一所懸命に仕事をすることでも、趣味をやることでも、何でもいいですけれども、生き甲斐を持って生きたいのですね。

だからそういう高齢者の活用ですよ。しかも日本の場合は、高度な職業技術を持っているベテランが少なくない。社会的システムをきちんと作れば、平均寿命の延びるなか、健康の許すかぎり働き続けたいと希望する高齢者には、それこそ人生の終わりまで働いてもらうということも僕は可能だと思います。

いずれにせよ大事なのは、農業政策の決め手も地方分権だということです。高齢者を活用し、兼業農家を維持しながら生産性を上げていく政策を推進するためにも、いま中央に集中している権限とお金の多くを地方自治体に任せる仕組みが重要なのです。そうしてこそ、地方で新しい地場産業が生まれ、雇用の機会も増え、若い人が生まれ育った地域で活躍できるようになるんですから。

●日本経済の構造的変化——金融政策だけでは解決できない

堀　聞けば聞くほど、小沢さんの経済政策は、いわばボトムアップで実体経済を強くしていこうという発想ですね。一方で安倍政権がいわゆる「アベノミクス」を喧伝《けんでん》しているのですが、実際には国民総生産（ＧＤＰ）がいっこうに伸びてきません。*56 実質賃金は減る一方ですし、実体経済を強化しているとは思えません。

小沢　構造的な問題があって、金融政策だけではどうにもならないのです。日本経済の大きな構造的変化を見なければいけません。近年、日本の輸出企業はコストを下げて利益を上げるために、工場を海外へ、つまり安い労働力があって、目当ての市場もある現地へ移転しています。以前は部品は国内で調達するのが一般的でしたが、今ではそれも現地で調達するケースがほとんどです。自動車メーカーがその典型ですが、企業活動がそっくり外国へ移ってしまいました。国内産業の空洞化が顕著になってきています。日本で生産して海外へ輸出するという従来の貿易立国モデルが崩れてきたのです。円安になっても輸出が思うように伸びないのはこのためです。

ところが、アベノミクスの基本は、国際的に競争力の強い、生産性の高い産業分野をどんどん大きくし、生産性の低いところは切り捨てる、仕方ないんだというやり方で、小泉

＊56　この対談より後に内閣府から発表された二〇一四年度のGDPは、物価変動の影響を除いた実質で前年比一・〇％減で、リーマンショック直後の二〇〇九年以来五年ぶりのマイナス成長を明らかにした

政権のときもそうでしたが、小泉政権以上に徹底しています。ですから仮に大企業中心の経済が拡大したとしても、ごく一部の大企業を除けば所得はほとんど増えないどころか、むしろ減ります。今の経済状況で消費税の税率を引き上げるのは、国民経済の運営として間違っています。

堀　消費税増税に反対して民主党を離脱した小沢さんらしい見解ですね。

日本の消費税は、アメリカの州税のような純然たる小売り売上げ税とは性質が異なり、外国では「付加価値税」と呼ばれているものですね。法律上も、消費税を納める義務を負っているのは実は消費者ではなく、事業者です。ですから消費税は、税負担分を価格に転嫁し辛い状況にある下請け企業を、国内市場が相手であるがゆえに輸出還付金をもらえない中小零細企業を疲弊させます。

小沢　そのとおり。消費税がいくら上がったって、輸出のパーセンテージが大きい大企業には痛くも痒《かゆ》くもないのです。いま、おっしゃった還付金というのがあって、輸出分については消費税が還付されますからね。かつて貿易立国といった考え方で、輸出奨励策として消費税制が採用されたのだと思います。私も一九九〇年代には、特に福祉目的税としての消費税の税率アップに賛成だったのですが、今日、この付加価値税を続けていくのが果たしていいのかどうか、かなり疑問です。

首相の安倍さんは、この二〇一四年四月に消費税の税率を五％から八％に上げたのに、次は景気動向の判断を抜きにして、必ず二〇一七年四月に一〇％に引き上げると言っていますね。本来なら、とても再増税できるような経済・社会環境ではありません。再増税が予定どおり実施されれば、それが加重原因となって、ＧＤＰの六割以上を占める個人消費がますます冷え込み、ＧＤＰをさらに押し下げていくのは明らかです。

●内需振興で豊かさを分かち合える社会へ

堀　日本には中小零細企業が優に四二〇万社ほどもあり、これは日本の企業総数のなんと九九・七％に当たり、企業における雇用の七割を占めています。しかも、日本が世界に誇る技術の多くは中小企業が持っているのだと聞きます。ほかでもないその中小零細を圧迫する消費税増税を強行するのは……。

小沢　……日本の本当の強みである国内需要の軽視ですね。このまま内需がますます萎《しぼ》んでいけば、結果として企業はこれまで以上に外国へ行って稼ぐしかなくなり、なるべく正規社員を減らし、海外での現地生産に切り換えます。しかし、それはまさに、天に唾《つば》する行為なのです。なぜなら国内産業の空洞化を加速し、国民の購買力を削ぎ、ますます内需を萎《しぼ》ませ、消費を冷え込ませ、最終的には企業経営の足元を脆弱《ぜいじゃく》にしてしまうのですからね。

堀　その悪循環を断ち切り、好循環に転じさせるにはどうすればよいのでしょうか。

小沢　やっぱり、地方を自立させるに限ります。中央集権から地方分権へと国家の統治機構を変えることにより、国内雇用を拡大し、国民所得を増やし、内需を振興することができます。内需が力強く復活すれば、国内産業の空洞化に歯止めがかかり、輸出に頼って外国の事情に一喜一憂する事態も回避できます。

堀　そもそも、日本の輸出依存度は従来から一〇～一五％くらいです。たしかに輸出産業のいわゆる「すそ野」は広いので、この数字だけを鵜呑《うの》みにするわけにはいきませんが、それにしても、そして少子化の影響を考えに入れても、日本は幸いにしてなお、アメリカ合衆国に次ぐ内需大国です。この強みを失ったら元も子もないですね。

小沢　そのとおりです。ましていまは、国際情勢が危うくて、非常に懸念されますからね。私はこのところ機会あるたびに指摘しているのですが、世界の政治・経済に大きな影

世界全体を見据えた国造りを進めなければならない

響を与えかねない問題が二つあります。

一つは中国です。不動産バブル崩壊の様相が濃くなってきていて、経済が不安定、そして格差がますます増大し、一般国民の不満が高まってきています。中国経済が悪化したら、日本を含む世界経済に間違いなく大きな影響が出ます。

もう一つはヨーロッパです。このところ「独《ひと》り勝ち」のドイツは例外ですが、ヨーロッパ経済はもう一度金融緩和をという話が出るほどに回復が鈍いですね。それが今、ウクライナ問題とギリシャ危機の挟み撃ちに遭っているような状況です。緊縮経済で疲弊しているのはギリシャだけでなく、南欧諸国は軒並みです。ヨーロッパは、仮にユーロ圏だけに限っても世界の大きな極の一つですから、あそこがおかしくなると影響は甚大《じんだい》です。

このように現在、日本では国民も政府もまだ切迫感を持っていないかもしれませんが、世界経済はかなり緊迫した状況にあるんです。世界で何が起きても日本の受けるダメージを最小限にとどめるためには、今から日本経済の構造を変えておく必要があります。具体的には、最低限、国内需要だけでも日本経済を回していけるようにすることです。そのためには、一日も早く経済政策の軌道を修正し、雇用も、税制も、税の配分も、すべての政策を、国民所得の増加、個人の購買力の強化、内需の拡大といった方向へ向けなければなりません。それが現在の最大の政治課題だといえます。

堀　日本の衆議院議員、日本国の政治家として、なんといってもまず国民経済を再建したいということですね？

小沢　私は「共生」という政治理念を掲げていますが、世界のさまざまな国民と共生するためにも、まず国内で同じ日本国民が互いに豊かさを分かち合えるような社会をつくっていかなければならないと思っています。その拠点を築いて初めて、世界の中に共生の輪を効果的に拡げていくことができるのだと考えるわけです。

これを逆から申しますと、世界全体を念頭に置いて国造りを進めていかないと、日本は早晩破綻してしまうのではないかと強く懸念しているのです。

堀　なるほど。小沢さんの国士としての現実的姿勢は、人類普遍の「共生」という展望のなかにあるのですね。納得できました。

エピローグにかえて

――同一性と変化、あるいは小沢一郎は「保守」か「革新」か――

小沢一郎という政治家については、新自由主義から「国民の生活が第一。」に転じたとか、改憲派から護憲派に乗り換えたとか、親米から親中にシフトしたとか、はたまた、「右」から「左」に転向したフリをしているけれども正体は「右」だとか、できの悪い座標軸しか持たぬ評論家たちによって、デタラメばかりが流布されてきました。したり顔でおこなわれる、そういった「解説」のどこがどうデタラメであるかは、本書の五つの章を構成する五つのロングインタビューに明らかです。

ここでは、小沢一郎はいったい「保守」なのか、「革新」[注1]なのか、それとも「保守」と「革新」の間で矛盾しているのか、という疑問に対して、若干哲学的な補助線を引いておくことにします。

よく知られているように、小沢氏は好きな言葉としてしばしば、ルキノ・ヴィスコンティ監督の映画『山猫』の中の台詞《せりふ》を引用します。遠い青年時代の記憶に基づくために、その台詞を吐く登場人物の特定を間違えているらしいのですが、ともかく氏は、二〇〇六年四月の民主党代表選挙における政見演説の中でも、次のように述べました。

《「変わらずに生き残るためには、自ら変わらなければならない」。英語で言うとWe must change to remain the same. ということなんだそうです。確かに、人類の歴史上、長期にわたって生き残った国は、例外なく自己改革の努力を続けました。そうなのだと思います。よりよい明日のために、かけがえのない子どもたちのために……》

こうして、We must change to remain the same. を唱える小沢氏は、「変わらずに生き残る」ことを目的とするのだから「保守」でしょうか。それとも、「変わらなければならない」と言うのだから「革新」でしょうか。はたまた、同一性を保とうとする「保守」

注1　近年の日本では、左翼はもはや「革新」とは呼ばれず、代わりに「リベラル」という語が使われている。戦後左翼が「進歩」的であるどころか、何かにつけて「保守」的態度に終始してきたせいかと思われる

と、変化を追求する「革新」の間で矛盾しているのでしょうか。

たとえば、「彼女はすっかり変わった」というフレーズに注目してください。これは、以前の彼女と今の彼女は同一でない、少なくとも部分的には別人だ、という判断の表明でしょう。ところが、「彼女は……」というように、副助詞「は」のもたらす限定によって「彼女」を主題としている以上、このフレーズは、「彼女」の同一性を暗黙のうちに認めています。つまり、彼女の変化は、以前の彼女と今の彼女の同一性の認識に支えられているのです。しかも同時に、本人が意志したことであったかどうかはともかく、彼女は変化することによって同一の彼女であり続けた、とも言えるでしょう。この面から見れば、彼女の変化こそが、彼女の同一性の存続を可能にしたということにもなります。

同一性と変化のこうした二重構造は、地上のあらゆる人と物象に見出すことができます。われわれ個人をはじめ、学校も、会社も、国家も、人類も、この二重構造の中で生きています。感性の及ぶ範囲を超えて世界そのものを考える形而上学においても同様です。古来、一方には、古代ギリシャのパルメニデス（紀元前六世紀末〜五世紀中頃）の教えにしたがって、世界を永遠不変の存在の相の下に視《み》ようとする傾向があり、他方には、ヘラクレイトス（紀元前五四四年頃または五四一年頃～四八〇年頃）ふうに万物流転《ばんぶつるてん》の生成を感得する傾向が存在します。このこともまた、くだんの二重構造の反映だと思います。

そういえば、ヘラクレイトスは、「同じ川に二度浸《つ》かることはできない」と言ったと伝えられています。同じことが、わが国中世の歌人・鴨長明《かものちょうめい》の絶妙な表現からも窺《うかが》えます。

《「行く川のながれは絶えずして、しかも本の水にあらず。よどみに浮ぶうたかたは、かつ消えかつ結びて久しくとゞまることなし。》（『方丈記』一二一二年）

すなわち、「行く川のながれ」は、「絶え」ぬ（＝恒常的だ、同一だ）からこそ「本の水にあらず」（＝変化している）と言えます。それでいて、「本の水にあら」ぬ（＝変化している）からこそ「絶え」ることがない（＝恒常的だ、同一だ）のでもあります。このように、「同一性」と「変化」は、対立しながら、つねに支え合っています。

してみると、個人も、グループも、国家も、自分らしく生きようとするときにこそ変わることができ、積極的に変わることによってのみ、本来の自分と同一であり続けることができるわけです。この角度から見ると、「変化」とは、自己を放棄したり、喪失したりして、まったく別の存在になることではありません。むしろ自己喪失を拒否し、アイデンティティを堅持するオペレーション、すなわち「脱皮」にほかなりません。

今世紀初頭、かのアメリカ合衆国は、二〇〇一年の同時多発テロ「九・一一」を機に脱皮するどころか、ジョージ・W・ブッシュ大統領の指揮下、大義なきイラク戦争へ突入していきました。あのとき躍り出たのは、もはや「偉大なアメリカ」ではありませんでした。パニックに陥り、焦躁の中で自己を見失った「帝国以後」(注2)の「アメリカまがい」でした。

それだけに、次に登場したバラク・オバマが、大統領就任演説で「チェンジ」を呼びかけるときに、「われわれは今、そして将来も常に、アメリカ合衆国である」(“We are, and always will be, the United States of America.”二〇〇九年一月二〇日の大統領就任演説より)と、アメリカ人のナショナル・アイデンティティを改めて力強く肯定したのは的確な判断でした。アメリカは、真にアメリカであろうとする同一性への意志に支えられて初めて、変化することができるのだからです。オバマのチャレンジは大統領任期一期目には竜頭蛇尾に終わりそうな気配でしたが、二期目に入ってから、ある程度成功しつつあるようにも見えます。いずれにせよ、オバマの呼びかけた「チェンジ」は、自己同一性に支えられる「脱皮」としての変化でした。

同一性と変化が矛盾せず、支え合う以上、保守と革新も同様です。

現在、わが国は歴史の岐路に立っています。ポツダム宣言受諾（一九四五年）に始まった「戦後レジーム」からの脱却を夢見る安倍晋三首相（注3）の政府が日本に、あからさまに新自由主義的で、しかも臆面もなく国家主義的な方向づけを与え始めているからです。

注2　トッド（エマニュエル）『帝国以後』（石崎晴己訳、藤原書店、二〇〇三年。原典は二〇〇二年、パリ、ガリマール社刊）

注3　安倍晋三は第一次安倍内閣時の二〇〇七年一月、内閣総理大臣施政方針演説で「戦後レジーム」からの脱却を宣言した。その場合、「戦後レジーム」とは、「「憲法を頂点とした、行政システム、教育、経済、雇用、国と地方の関係、外交・安全保障などの基本的枠組み」のことであった　安倍晋三公式ウェブサイト、http://www.s-abe.or.jp/policy/consutitution_policy　二〇一五年八月二四日閲覧

この正念場で、われわれの前に存在する選択肢の類型は、大別して次の三つでしょう（より進歩主義的な立場も考えられますが、ここでは省略します）。

①日本国憲法の原理をとおして戦後約七〇年間の日本を方向づけてきた規範――理想――と断絶し、逆方向の理想を目指す。

②日本国憲法の条文も含め、既成事実――法律・制度・慣習など――を聖域化し、まるごと現状のまま保全しようとする。

③前述の規範に忠実であり続けること、もしくはより忠実であることを目ざし、時代の要請に応じて既成事実に変更を加える。

①は、たとえ「保守」の看板を掲げていても「保守」ではなく、むしろ「反動」です。②は、仮に「革新」の看板を掲げていても「革新」ではなく、むしろ「守旧」と見なさざるを得ない反進歩主義的態度です。そして、③こそが、小沢一郎氏の標榜する真の「保守」に違いありません。この立場に立てば、七〇年続いた「戦後レジーム」の日本は、「変わらずに生き残るために、自ら変わらなければならない」わけです。この保守主義は

おのずから「革新」を含むので、進歩主義に通じているといっても過言ではないと思います。

小沢一郎氏は、「保守」のための「革新」の人であるがゆえに左から疎《うと》まれ、右から恐れられ、一九九三年に「脱藩」するようにして自民党を離党して以来、常に政界の中心にいると言われながら、政権中枢からはほとんど排除され続けてきた政治家です。しかも二〇〇九年からの四年間は、民主主義にあるまじき途方もない冤罪《えんざい》事件によって、アンフェアなやり方で排除されていた政治家です。本書が、この稀有《けう》の人の考え方と政策をしっかりと読者に伝えることに寄与するならば、私としてはまことに本望です。

末筆ながら、小沢一郎衆議院議員と私の連続対談を企画運営してくださった大木啓司氏と、本書の作成でお世話になった祥伝社書籍編集部の岡部康彦氏に、心から厚く御礼申し上げます。

二〇一五年九月

堀 茂樹

※本書の対談は、公開討論シリーズ「堀茂樹教授と小沢一郎のちょっと硬派な対談」に新規の非公開インタビューを加え構成したものです。

今《いま》だから 小沢一郎《おざわいちろう》と政治《せいじ》の話《はなし》をしよう

平成27年9月25日　初版第1刷発行

著　者　堀《ほり》　茂《しげ》樹《き》

発行者　竹内和芳

発行所　祥《しょう》伝《でん》社《しゃ》

〒101-8701
東京都千代田区神田神保町3-3
☎03(3265)2081(販売部)
☎03(3265)1084(編集部)
☎03(3265)3622(業務部)

印　刷　萩原印刷

製　本　積信堂

ISBN978-4-396-61510-9 C0031　Printed in Japan
祥伝社のホームページ・http://www.shodensha.co.jp/

祥伝社のベストセラー

幻の黄金時代
オンリーイエスタデイ'80s

なぜこの国は二〇年で失速したのか――。
一九八〇年代、絶頂期の日本の裏側に、現在の日本の危機を読み解く鍵が隠されていた。

1980年代から透視する
21世紀の日本

西村幸祐

仕事に効く
教養としての「世界史」

先人に学べ、そして歴史を自分の武器とせよ。日本を知りたければ、世界の歴史を知ることだ。人類5000年史から現代を読み抜く　の視点とは

出口治明

僕たちは戦後史を知らない
日本の「敗戦」は4回繰り返された

「戦後の歴史を知る」とは、過去と現在の必然的な関連を知ることだ。
「歴史のリピート機能」を鋭く剔出した、かつてない戦後史の視点！

佐藤健志